सदाबहार कहानियाँ

आर्थर कॉनन डॉयल

सदाबहार कहानियाँः आर्थर कॉनन डॉयल

प्रथम संस्करण : 2023

ISBN : 978-93-92088-75-9

प्रकाशक : अनबाउंड स्क्रिप्ट
2/41, अंसारी रोड, दरियागंज, दिल्ली–110002
वेबसाइट : **www.unboundscript.com**
ई–मेल : **books@unboundscript.com**
फोन नं. : **011-35807601**

मुद्रक : विकास कम्प्यूटर एंड प्रिंटर्स
लोनी, गाजियाबाद, उत्तर प्रदेश

मूल्य : रू 125 /-

अनुक्रम

अंतिम प्रश्न

हाल ही में लिखने के लिए मैंने बहुत ही बुझे हुए मन से अपनी कलम उठाई है, जिसमें मैंने उन विशेष दिनों को सँजोकर रखा है, जिससे मेरे साथी को प्रतिष्ठा मिली थी। चूँकि मैं इन्हें बहुत ही गहराई से महसूस करता हूँ, इसीलिए यह अस्पष्ट या बिल्कुल अपर्याप्त भी हो सकता है। मुझे उसके साथ जिस भी तरह के विचित्र अनुभव हुए, मैंने उनको बताने का भरसक प्रयास किया है और स्टडी इन स्कारलेट के मामले में हम कैसे पहले-पहल साथ मिले और फिर नेवल ट्रीटी तक उसमें उसके दखल तक साथ रहे। यह एक ऐसा दखल था, जिसका असर एक गंभीर अंतरराष्ट्रीय जटिलता को बचाने के लिए था। मेरी कोशिश इसे रोक देने और इस घटना पर कुछ भी न कहने की थी, क्योंकि इसने मेरे जीवन में एक खालीपन सा ला दिया था और जिसे भरने में दो वर्षों का समय भी कुछ न कर सका। मेरे हाथों के साथ एक तरह की जबरदस्ती की जा रही थी, चूँकि हाल ही के पत्रों में कर्नल जेम्स मारिआर्टी ने अपने भाई की स्मृति के बारे में लिखा था और

इसीलिए मेरे सामने सिवाय इसके कोई चारा नहीं था कि लोगों के सामने वे तथ्य लाए जाएँ, जो कि वाकई घटित हुए थे। केवल मैं ही इस मामले की पूरी सच्चाई जानता था और मुझे यकीन भी था कि अब वह समय आ चुका है, जबकि इसे छुपाने से कोई फायदा नहीं होगा।

जहाँ तक मुझे पता है, अखबारों में यह सिर्फ तीन बार ही छपा है; 6 मई, 1891 जर्नल डी जिनेवा, 7 मई को रायटर्स डिस्पैच और अब वे हालही के पत्र थे, जिसके बारे में मैं बता चुका हूँ। पहली और दूसरी खबर में तो यह बिल्कुल ही संक्षिप्त रूप में थे और अंतिम वाली में, जोकि मैं अब आपको दिखाऊँगा, तथ्यों को पूरी तरह से बिगाड़ दिया गया था। प्रो. मोरिआर्टी और मि. शेरलॉक होम्स के बीच पहली बार जो भी सचमुच घटित हुआ, उन्हें बताने के लिए यह सब मेरे पास मौजूद है।

मुझे याद है कि मेरी शादी के बाद और मेरी निजी चिकित्सा सेवा की शुरुआत के समय ही मेरे और होम्स के बीच के अति घनिष्ठ संबंधों में कुछ हद तक एक बदलाव सा आ गया था। कभी-कभी जब उसे अपनी छानबीन में मेरे साथ की जरूरत होती थी, तब भी वह मेरे पास आया करता था, पर ऐसे अवसर धीरे-धीरे कम होते चले गए और सन् 1890 तक केवल तीन ही मामले ऐसे थे, जिनका मैं संग्रह कर सका। उस साल के जाड़े के दिनों में और सन् 1891 की बसंत ऋतु की शुरुआत में ही मैंने अखबारों में पढ़ा था कि उसे फ्रांस की सरकार ने किसी महत्त्वपूर्ण मामले में अपने साथ लगा रखा है और इसी बीच होम्स के दो पत्र मुझे नारबोन और नाइम्स से आए थे। इन पत्रों से मुझे पता चला कि वहाँ उसे कुछ अधिक दिनों तक ठहरना पड़ सकता है। 24 अप्रैल को जब मैंने उसे अपने परामर्श-कक्ष में आते हुए देखा तो

मुझे थोड़ा आश्चर्य हुआ। मैंने देखा कि वह पहले की तुलना में थोड़ा पीला और दुबला हो गया था।

मेरे शब्दों के बजाय मेरे देखने के तरीके का जवाब देते हुए उसने कहा, "हाँ, मैं बहुत ही अधिक व्यस्त रहा और हाल तक बहुत ही अधिक तनाव में भी रहा। क्या तुम अपने इन दरवाजों को बंद कर दोगे?"

अब कमरे में रोशनी, टेबल पर रखे केवल उसी लैंप से आ रही थी, जिससे मैं पढ़ा करता था। होम्स दीवाल के किनारे से होते हुए दरवाजों के पास पहुँच गया और फिर उन्हें सावधानी से बंद कर दिया।

मैंने पूछा, "क्या तुम किसी से डर रहे हो?"

"हाँ, मैं डर रहा हूँ।"

"किससे?"

"एयर गन से।"

"इससे तुम्हारा क्या मतलब है, होम्स?"

"मेरे खयाल से, वाटसन! तुम मुझे अच्छी तरह जानते हो कि मैं घबड़ाने वाला आदमी नहीं हूँ। पर जब खतरा बिल्कुल नजदीक हो तब उसे न समझना, साहस के बजाय बेवकूफी है। क्या तुम्हें एक माचिस के लिए मैं तकलीफ दे सकता हूँ?"

उसने सिगरेट का कश ऐसे खींचा जैसे कि उसे बहुत आराम मिला हो। वह बोला, "तुम्हें इतनी देर में बुलाने के लिए मैं माफी चाहता हूँ और मैं तुमसे एक बार फिर माफी माँगता हूँ कि तुम मुझे अपने पीछे वाले बगीचे की दीवाल फाँदकर जाने की अनुमति दोगे।"

मैंने पूछा, "पर इनका मतलब क्या है?"

उसने अपना हाथ बाहर निकाला और लैंप की रोशनी में मैंने देखा कि उसकी उँगलियों की दो गाँठें छिली हुई हैं और उनसे खून बह रहा है।

होम्स ने मुस्कुराते हुए कहा, "इसमें कोई खास बात नहीं है। अब भी यह काफी मजबूत है। क्या मिसेज वाटसन अंदर हैं?"

"वे किसी से मिलने बाहर गई हैं।"

"तो तुम अकेले हो?"

"बिल्कुल।"

"तब तुम्हारे लिए मेरा यह प्रस्ताव है कि तुम एक सप्ताह के लिए मेरे साथ बाहर चलो।"

"कहाँ?"

"कहीं भी। मेरे लिए सारी जगहें एक जैसी हैं।"

इन सब बातों में कुछ विचित्र सा लग रहा था, बिना उद्देश्य छुट्टी मनाना होम्स के स्वभाव में नहीं है, उसका पीला और थका-माँदा चेहरा मुझे बता रहा था कि वह बहुत ही अधिक तनाव में था। उसने मेरी आँखों में प्रश्न देखे और फिर अपनी उँगलियों के पोरों को आपस में जोड़कर एवं कुहनी अपने घुटनों पर टिकाते हुए सारी स्थिति मुझे बताई।

वह बोला, "तुमने शायद प्रोफेसर मोरिआर्टी के बारे में नहीं सुना होगा।"

"कभी नहीं सुना।"

वह चीखता हुआ सा बोला, "यही तो उसकी चालाकी और आश्चर्यजनक बात है। इस आदमी ने लंदन को बरबाद कर रखा है और किसी ने भी उसका नाम नहीं सुना है। यही तो वह चीज है, जिसने उसे अपराध के रिकॉर्ड में शिखर पर पहुँचा दिया है।

"वाटसन! मैं तुम्हें बहुत गंभीरतापूर्वक बता रहा हूँ कि यदि मैं इस आदमी को हरा दूँ या समाज को इससे आजाद करा दूँ तो मुझे लगेगा कि मेरा पेशा शीर्ष पर पहुँच गया है और मुझे जीवन की शांति की ओर मुड़ने के लिए तैयार हो जाना चाहिए। हमारे बीच हाल के ही मामलों में, जिसमें स्कैंडेनेविया के शाही परिवार और फ्रेंच रिपब्लिक में जो मेरी सहायता होती रही है, इसने मुझे ऐसी स्थिति में ला दिया है कि मैं बहुत ही आराम से अपनी जिंदगी जारी रख सकता था, जोकि मेरे लिए बहुत ही अनुकूल भी है और जिसमें मैं अपने रासायनिक अनुसंधानों पर अपना ध्यान भी केंद्रित कर सकता था। पर वाटसन, मुझे चैन नहीं था, क्योंकि जब भी मैं सोचता था कि प्रोफेसर मोरिआर्टी जैसा आदमी लंदन की सड़कों पर बिना चुनौती के ही घूम रहा है, तब मैं अपनी कुर्सी पर चैन से नहीं बैठ पाता था।"

"उसने ऐसा क्या किया है?"

"उसका करियर असाधारण था। उसकी पैदाइश अच्छी जगह और शिक्षा-दीक्षा भली प्रकार हुई थी। प्रकृति ने उसे विलक्षण गणितीय प्रतिभा से नवाजा। 21 साल की उम्र में ही उसने बायनामियल सिद्धांत पर एक शोध प्रबंध लिखा, जिसे यूरोप में काफी लोकप्रियता मिली थी। इसी के बल पर उसने हमारे विश्वविद्यालय में गणित के क्षेत्र में अपनी जगह भी बना ली थी और उसके सामने एक शानदार कॅरियर भी था, किंतु इस

व्यक्ति में आनुवंशिक रूप से कुछ दुर्गुणों वाली प्रवृत्तियाँ थीं। उसके खून में अपराध की प्रवृत्तियाँ भी दौड़ती थीं, जो कि कम होने के बजाय बढ़ती ही चली गईं और उसकी विलक्षण मानसिक शक्तियों के द्वारा कई गुना खतरनाक हो गईं। विश्वविद्यालय परिसर में उसके खिलाफ कई तरह की अफवाहें फैल गई थीं, जिसकी वजह से उसे वहाँ से त्याग-पत्र देने के लिए मजबूर कर दिया गया था। वहीं से वह लंदन आ गया और यहाँ उसने सेना के सवारी डिब्बे बनाने का काम शुरू किया। दुनिया उसके बारे में केवल इतना ही जानती है, परंतु मैं जो तुम्हें बता रहा हूँ, वह मैंने खुद ही पता किया है—

"वाटसन! जैसा कि तुम्हें पता ही है, लंदन की सबसे बड़ी अपराधियों की दुनिया के बारे में अन्य कोई उतनी अच्छी तरह से नहीं जानता है, जितना कि मैं जानता हूँ। कई सालों से मैं अपराधियों के पीछे की शक्ति के बारे में जानने का उत्सुक रहा हूँ, इसमें कोई ऐसी संगठित शक्ति है, जो हमेशा कानून के रास्ते में खड़ी हो जाती है और गलत काम करने वालों की ढाल बनती है। कई तरह के मामलों, जैसे धोखाधड़ी, लूट और हत्या आदि में मैंने बार-बार इस ताकत की मौजूदगी को महसूस किया है और उन बहुत से बिना सुलझे अपराधों में, जिनमें मेरा परामर्श भी नहीं लिया गया था, मैंने इनके काम को भी जाना है। कई वर्षों से मेरी कोशिश उस परदे को उठाने की रही है, जिसने इसे ढक रखा था और अंत में वह समय आ ही गया, जब मैंने वह सूत्र पकड़ उसका पीछा किया, जब तक कि वह मुझे उन हजारों मक्कार घुमावदार रास्तों से होता हुआ उस नामी भूतपूर्व गणित के प्रोफेसर मोरिआर्टी की ओर न ले आया।

"वाटसन! वह अपराध का नेपोलियन है। वह इस बड़े शहर के आधे गलत कामों और करीब सभी बिना सुलझे अपराधों का संगठनकर्ता है। वह बहुत ही बुद्धिमान, दार्शनिक और अद्भुत सोच वाला व्यक्ति है। उसके पास अव्वल दर्जे का दिमाग है। वह एक मकड़े की तरह जाले के बीच में स्थिर होकर बैठता है, उस जाले में हजारों तार होते हैं, पर वह उनके हर कंपन को अच्छी तरह पहचानता है। वह ऐसे काम स्वयं बहुत ही कम करता है, वह केवल योजनाएँ बनाता है। उसके अनेक एजेंट हैं और जो बहुत ही अच्छे ढंग से संगठित हैं। यदि कोई अपराध किया जाना है या कागज गायब करना है, गोली चलानी है या आदमी गायब करना है। तब प्रोफेसर को सिर्फ कहा जाएगा और सारा मामला तय होगा, और फिर इसे पूरा किया जाएगा। वह एजेंट पकड़ा भी जा सकता है। इस स्थिति में उसके बचाव या उसकी जमानत के लिए धन का इंतजाम हो जाता है, पर उस एजेंट का इस्तेमाल करने वाली केंद्रीय ताकत कभी नहीं पकड़ी जाती, उस पर संदेह भी नहीं होता है। वाटसन, यही वह संगठन है, जिसका मैंने पता लगाया है और जिसको तोड़ने और पर्दाफाश करने के लिए मैंने अपनी पूरी ताकत लगा दी है।

"प्रोफेसर ने इतनी चालाकी से अपनी सुरक्षा के उपाय कर रखे थे कि मैं जो भी करूँ, ऐसे सबूतों का मिलना असंभव लगता था, जिससे उसे कानून के कठघरे में लाया जा सके। वाटसन, तुम्हें मेरी ताकत का पता है, फिर भी तीन महीने बाद मैं यह मानने के लिए मजबूर हुआ कि मुझे एक ऐसा प्रतिद्वंद्वी मिल ही गया, जो कि बुद्धिमानी में मेरे ही बराबर है। उसकी काबिलियत की प्रशंसा में उसके अपराधों के प्रति मेरा डर गायब हो गया था। अंत में उसने एक यात्रा की, केवल एक छोटी सी यात्रा, मगर जितनी वह

कर सकता था, उससे यह अधिक ही थी, क्योंकि मैं उसके बहुत ही पास तक पहुँच चुका था। मेरे पास मौका था और उसी जगह से मैंने उसके चारों तरफ अपना जाल बुनना शुरू कर दिया, और यह तब तक जारी रहा जब तक कि वह इसके काफी नजदीक न आ गया। तीन दिनों में ही, यानी अगले सोमवार को यह मामला बिल्कुल पक जाएगा और प्रोफेसर अपने गिरोह के सभी प्रमुख साथियों के साथ पुलिस की गिरफ्त में होगा। तब इस शताब्दी का सबसे बड़ा फौजदारी का मुकदमा सामने आएगा, जिसमें 40 से अधिक रहस्यों का पर्दाफाश होगा। किंतु तुम जानते ही हो, यदि हम समय से पहले कुछ करेंगे तो उन सभी की रस्सी अंतिम समय में भी हाथ से छूट सकती है।

“यदि मैं इस काम को प्रोफेसर मारिआर्टी की जानकारी के बिना ही कर सकता तो यह बहुत ही अच्छा होता, पर वह बहुत ही मक्कार है। मैंने उसके चारों तरफ जो भी मेहनत की है, उसने हर कदम पर निगाह रखी थी। अक्सर ही जब मैं उसे रोकने वाला होता था, तभी वह बार-बार बच कर निकल जाता था। मेरे दोस्त, मैं तुमसे कहता हूँ कि यदि इस शांत प्रतियोगिता को विस्तार से लिखा जा सकता, तब प्रहार और बचाव के रूप की सुरागसानी के इतिहास में इसका एक अति महत्त्वपूर्ण स्थान होता। मैं ऐसे स्तर पर पहले कभी नहीं पहुँचा और कभी भी मैं अपने विरोधी के द्वारा इतना परेशान नहीं किया गया। उसने मुझे चोट पहुँचाई फिर भी मैंने उसे कम आँका। आज सुबह उसने अंतिम कदम उठाया गया और जबकि इस काम को पूरा होने में केवल तीन दिन ही बाकी थे। मैं अपने कमरे में बैठा हुआ इस मामले पर सोच ही रहा था कि तभी दरवाजा खुला और प्रोफेसर मोरिआर्टी मेरे सामने खड़ा था।

"वाटसन! मुझे किसी भी तरह की घबराहट नहीं थी, पर मैं यह मानता हूँ कि जब मैंने उस आदमी को देखा, जो कि हमेशा से मेरे दिमाग में रहा, वह आज मेरी चौखट पर खड़ा है। उसकी मौजूदगी मेरे लिए काफी परिचित सी थी। वह बहुत ही अधिक लंबा और दुबला था। उसका सफेद माथा आगे की ओर उभरा हुआ और आँखें धँसी हुई थीं। उसकी शक्ल बिना दाढ़ी-मूँछ की पीली और एशिया के लोगों की तरह ही थी। उसका चेहरा-मोहरा एक प्रोफेसर की तरह लगता था। बहुत अधिक पढ़ने की वजह से उसके कंधे कुछ गोल से हो गए थे और चेहरा आगे की तरफ निकला हुआ था। वह अपना सिर दाएँ-बाएँ साँप की तरह हिला रहा था। उसने अपनी सिकुड़ी हुई आँखों से मुझे बहुत ही जिज्ञासा से देखा और बोला, 'मैंने जितनी उम्मीद की थी, तुम उससे कम दिखते हो। आदमी का अपने ड्रेसिंग गाउन में एक भरी हुई पिस्तौल पर उँगली रखना खतरनाक आदत है।'

"वास्तविकता यह थी कि उसके घुसते ही मैंने तुरंत अपने ऊपर एक खतरा भाँप लिया था। उससे बचाव का सिर्फ यही एक तरीका बचा था कि मेरी जबान बंद हो जाती। तुरंत ही मैंने दराज से रिवॉल्वर निकालकर अपनी जेब में रख ली थी और इसे कपड़ों के भीतर ही उसके लिए तैयार रखा था। उसके इस तरह से कहने पर मैंने वह हथियार बाहर निकाल लिया और मेज पर रख दिया। वह अभी भी मुस्करा रहा था, फिर उसने अपनी पलकें झपकाईं। मैं इस बात से बहुत खुश था कि वह मेरे सामने मौजूद है।"

उसने कहा, "तुम प्रत्यक्ष रूप से मुझे नहीं जानते।"

मैंने जवाब दिया, "मुझे लगता है कि मैं जानता हूँ। प्लीज बैठ जाइए। यदि आप कुछ कहना चाहते हैं तो मैं आपको पाँच मिनट का समय दे सकता हूँ।"

उसने कहा, "मुझे जो कुछ भी कहना है, वह पहले ही तुम्हारे दिमाग में जा चुका है।"

मैंने जवाब दिया, "तब मुमकिन है कि मेरा जवाब भी तुम्हारे पास होगा।"

"तुम बहुत तेज हो।"

"बिल्कुल।"

उसने अपना हाथ अपनी जेब में जैसे ही डाला, मैंने मेज से पिस्तौल उठा ली, पर उसने केवल अपनी एक छोटी सी नोटबुक निकाली, जिसमें उसने कुछ तारीखें लिख रखी थीं।

वह बोला, "तुम चार जनवरी को मेरे रास्ते में रोड़ा बने थे। तेईस तारीख को तुमने मेरे लिए परेशानी खड़ी की थी और मार्च के अंत में मेरी योजनाएँ पूरी तरह से बरबाद कर दी थीं। अब अप्रैल की समाप्ति पर मुझे तुम्हारे लगातार उत्पीड़न से अपनी आजादी खो जाने का डर है। यह स्थिति अब बिल्कुल नामुमकिन सी हो गई है।"

मैंने पूछा, "क्या आपको कुछ और मशविरा देना है?"

उसने अपना सिर दाएँ-बाएँ हिलाते हुए कहा, "मि. होम्स, तुम्हें यह काम छोड़ना होगा। सच, छोड़ देना पड़ेगा।"

मैंने कहा, "सोमवार के बाद।"

वह बोला, "मुझे पूरा यकीन है कि तुम्हारी काबिलियत का व्यक्ति इस मामले का एक परिणाम जरूर देखेगा। अतः तुम अपना हाथ खींच लो। तुमने अपना काम इस ढंग से किया है कि हमारे पास अब केवल एक ही तरीका बचा है। तुमने इस

मामले को जिस ढंग से जकड़ा है, इसे देखना मेरे लिए एक बुद्धिमानीवाला आनंद रहा है। मैं कहता हूँ कि इसके लिए किसी भी हद तक जाने के लिए मुझे मजबूर होना मेरे लिए दुःख की बात होगी। तुम मुस्करा रहे हो, पर मैं तुमको यकीन दिलाता हूँ कि ऐसा ही होगा।''

मैंने कहा, ''खतरा मेरे काम का हिस्सा है।''

वह बोला, ''यह खतरा नहीं है। यह कभी न रुकने वाली बरबादी है। तुम एक व्यक्ति के नहीं, बल्कि एक मजबूत संगठन के खिलाफ खड़े हो। तुम अपनी सारी चतुराई के साथ भी इसे समझने में असमर्थ हो। मि. होम्स, तुम्हें इस चीज को साफ-साफ समझ लेना चाहिए, नहीं तो तुम कुचल दिए जाओगे।''

मैंने उठते हुए कहा, ''ऐसा लगता है कि इस बातचीत की मौज में मैं अपने कुछ उन जरूरी कामों की अनदेखी कर रहा हूँ जो कि मेरा कहीं और इंतजार कर रहे हैं।''

वह भी उठा और शांति से मुझे देखते हुए उदासी से उसने अपना सिर हिलाया और अंत में बोला,''ठीक है। यह दुःखद है, पर मैं जो कर सकता था, मैंने किया। मैं तुम्हारी हर चाल को समझता हूँ। तुम सोमवार से पहले कुछ नहीं कर सकते। मि. होम्स, यह मेरे और तुम्हारे बीच का द्वंद्व-युद्ध है। तुम्हें उम्मीद है कि तुम मुझे कठघरे में खड़ा कर दोगे? मैं तुम्हें बता देता हूँ कि मैं कभी कठघरे में नहीं खड़ा होऊँगा। तुम मुझे हराने की हिम्मत रखते हो। मैं कहता हूँ कि तुम मुझे कभी नहीं हरा पाओगे। यदि तुम मुझे बरबाद करने की सूझ रखते हो तो इसके लिए निश्चिंत रहो कि मैं भी तुम्हें उतना ही बरबाद कर दूँगा।''

मैंने कहा, "मि. मोरिआर्टी! तुम मुझे काफी बधाइयाँ दे चुके हो। मुझे भी इसके एवज में एक तो दे लेने दो। अगर मैं संभावना के लिए सुनिश्चित कर दिया गया हूँ, तब भी लोगों के हित में बाद वाली संभावना को खुशी से स्वीकार कर लूँगा।"

वह गुर्राते हुए बोला,"मैं तुम्हें एक का तो वादा कर सकता हूँ, पर दूसरी का नहीं।"

इतना कहकर वह मुझे देखता हुआ कमरे से बाहर चला गया।

"प्रोफेसर मोरिआर्टी के साथ यही मेरा साक्षात्कार था। मैं यह मानता हूँ कि इसने मेरे दिमाग पर एक बुरा असर डाला था। उसके संक्षिप्त भाषण ने गंभीरता की वजह पैदा कर दी थी, जो कि केवल एक गुंडे से नहीं पैदा हो सकती थी। तुम यह कह सकते हो कि मैंने उसके खिलाफ पुलिस से सुरक्षा क्यों नहीं माँगी?"

इसका कारण यह था और मुझे पक्का यकीन था कि उसके एजेंट ही मुझ पर हमला करेंगे। यदि ऐसा होता है तो मेरे पास इसके बेहद पक्के सबूत हैं।

"आप पर पहले भी हमला हो चुका है क्या?"

"प्रिय वाटसन, प्रोफेसर मोरिआर्टी वह आदमी नहीं है जो अपने पैरों के नीचे घास उगने दे। मैं दोपहर में किसी काम से ऑक्सफोर्ड स्ट्रीट गया था। जैसे ही मैं उस मोड़ पर पहुँचा, जहाँ एक रास्ता बैंटिक स्ट्रीट की तरफ जाता है, तभी एक दो घोड़ों वाली गाड़ी तेजी से सनसनाती हुई मेरे ऊपर चढ़ दौड़ी। मैं तुरंत ही उछलकर फुटपाथ पर हो गया और मैंने खुद को इससे बचा लिया। यह सब कुछ ही पलों में घटित हुआ। वह गाड़ी मेरीबोन

लेन की तरफ निकल गई और फिर तुरंत ही गायब हो गई। वाटसन, इसके बाद मैं सड़क के किनारे खड़ंजे पर खड़ा था और जैसे ही मैं चला कि तभी किसी मकान की छत से एक ईंट नीचे की तरफ आई और मेरे पैरों के पास टकराकर टुकड़े-टुकड़े हो गई। मैंने पुलिस को बुलाया और उस जगह की छानबीन कराई, पर वहाँ पर कुछ पत्थर और ईंट छत की मरम्मत के लिए पहले से ही रखे गए थे। मुझे विश्वास दिलाया गया कि शायद उनमें से कोई एक ईंट हवा से गिर पड़ी। यह जरूर है कि मैं इस बात को बेहतर तरीके से जानता था, पर मैं कुछ भी साबित नहीं कर सकता था। इसके बाद मैं एक घोड़ागाड़ी से अपने भाई के पास पॉलमॉल चला आया और वहाँ मैंने अपना दिन बिताया। अब मैं तुम्हारे पास आया हूँ और आते समय रास्ते में एक गुंडे ने मुझ पर एक गदा जैसी चीज से हमला किया। मैंने उसे जमीन पर गिरा दिया और पुलिस ने उसे अपनी हिरासत में ले लिया है। किंतु मैं तुम्हें पूरे विश्वास के साथ कहता हूँ कि उस आदमी, जिसके सामने के दाँत से मेरी उँगलियों की गाँठें छिल गई हैं, और उस सेवानिवृत्त गणित के शिक्षक, जो कि संभवतः दस मील दूर किसी ब्लैकबोर्ड पर प्रश्न हल कर रहा होगा, के बीच कोई संबंध नहीं पाया जा सकेगा। वाटसन, तुम्हें आश्चर्य नहीं हुआ कि तुम्हारे कमरे में घुसते ही मेरा पहला काम तुम्हारे दरवाजों को बंद करना ही था और सामने के दरवाजे के बजाय कम संदेहवाली जगह से बाहर निकलने के बारे में तुमसे पूछे जाने के लिए मैं विवश कर दिया गया था।"

मैंने अक्सर अपने साथी के साहस की प्रशंसा की थी, परंतु इस बार के जितनी कभी नहीं और जिस तरह से उसने शांतिपूर्वक घटनाएँ बताईं एवं जिन्हें आपस में जोड़ते ही यह एक डरावना दिन बन गया था।

मैंने कहा, "तुम रात यहाँ गुजारोगे?"

"नहीं, मेरे दोस्त, मैं तुम्हारे लिए कोई खतरा नहीं बनना चाहता। मेरे पास अपनी योजनाएँ हैं और जल्दी ही सबकुछ ठीक हो जाएगा। अब तक सबकुछ तय हो चुका है और जहाँ तक गिरफ्तारी का प्रश्न है, इसमें उन्हें मेरी सहायता की जरूरत नहीं होगी, हालाँकि दोष साबित करने के लिए मेरी मौजूदगी जरूरी है। इसीलिए इससे बेहतर और कुछ भी नहीं हो सकता है कि मैं कुछ दिनों के लिए गायब हो जाऊँ। इससे पुलिस को अपना काम करने में आसानी होगी और मेरे लिए एक खुशी की बात होगी कि तुम मेरे साथ बाहर चलो।"

मैंने कहा, "मेरी प्रैक्टिस इस समय धीमी है और मेरा पड़ोसी भी भला व्यक्ति है। मुझे तुम्हारे साथ चलने में खुशी होगी।"

"तब कल सुबह निकलते हैं।"

"बहुत जरूरी है क्या?"

"हाँ, बहुत ही जरूरी है। ये तुम्हारे निर्देश हैं, प्रिय वाटसन! मेरी तुमसे विनती है कि तुम अक्षरशः उनका पालन करोगे, क्योंकि तुम यूरोप के सबसे शक्तिशाली और चालाक अपराधी संगठन के खिलाफ मेरे साथ शामिल रहे हो।

अब सुनो! तुम अपना जो भी सामान ले जानेवाले हो, उसे तुम आज रात बिना पता लिखे ही अपने एक विश्वसनीय आदमी के साथ विक्टोरिया भेज दोगे। सुबह तुम अपने आदमी को यह कहते हुए एक घोड़ागाड़ी लाने के लिए भेजोगे कि वह वहाँ मौजूद पहली और दूसरीवाली गाड़ी को नहीं लेगा। इस घोड़ागाड़ी से तुम लाथर एक्रेड के स्टैंड की ओर चलोगे और कोचवान को कागज

के टुकड़े पर पता लिखकर दे दोगे, साथ ही उसे यह भी बता देना कि वह इसे कहीं फेंके नहीं। अपना किराया तैयार रखना और जैसे ही तुम्हारी गाड़ी रुके, तुम एक्रेड से भागकर दूसरी तरफ ठीक सवा नौ बजे पहुँच जाना। वहाँ तुम्हें एक घोड़ेवाली छोटी गाड़ी इंतजार करती मिलेगी, जिसे एक काली शाल ओढ़े हुए आदमी चला रहा होगा। तुम इसमें घुस जाना और कॉण्टीनेंटल एक्सप्रेस के लिए ठीक समय विक्टोरिया पहुँच जाओगे।''

''मैं वहाँ तुमसे कहाँ मिलूँगा?''

''ठीक स्टेशन पर। सामने वाला प्रथम श्रेणी का दूसरा डिब्बा हमारे लिए रिज़र्ब होगा।''

''वह बोगी ही हमारी मुलाकात की जगह है।''

''ठीक है।''

अब होम्स से शाम को रुकने के लिए पूछना बेकार था। मेरे लिए उसका यह सोचना स्पष्ट हो गया था कि वह जिस छत के नीचे था, उसके लिए वह परेशानी बन सकता था और इसी उद्देश्य ने उसे चले जाने के लिए बाध्य किया था। कल की अपनी योजना के अनुसार वह जल्दी-जल्दी कुछ शब्द बुदबुदाते हुए मेरे साथ बगीचे में आया और फिर उस दीवाल पर चढ़कर दूसरी तरफ रास्ते पर कूद गया, जो कि सीधा मोर्टीमर स्ट्रीट की तरफ जाता था। उसने घोड़ागाड़ी के लिए एक सीटी बजाई और फिर उसी से मैंने उसे जाते हुए सुना।

सुबह मैंने होम्स के निर्देशों का पालन किया। एक घोड़ागाड़ी इतनी सावधानी से यह बचाते हुए ली गई कि यह हमारे लिए ही तैयार की गई थी। नाश्ते के बाद मैं तुरंत ही लोअर एक्रेड

की तरफ चल दिया, जहाँ से मैं पूरी तेजी से भागा। अब मेरे सामने एक छोटी सी घोड़ेवाली गाड़ी खड़ी थी, जिसके कोचवान ने काली शॉल लपेट रखी थी। जैसे ही मैं इसमें बैठा, इसने अपना चाबुक घोड़े पर लहराया और तेजी से विक्टोरिया स्टेशन की तरफ भागा। मेरे उतरते ही उसने अपनी गाड़ी वापस मोड़ ली और बिना मेरी तरफ देखे ही तुरंत तेजी से वापस चल दिया।

यह सबकुछ बहुत ही ढंग से हुआ। मेरा सामान मेरा इंतजार कर रहा था और होम्स की बताई जगह को खोजने में मुझे कोई परेशानी नहीं हुई। ऐसा इसलिए भी हुआ, क्योंकि ट्रेन में केवल यही जगह थी, जिस पर 'रिज़र्ब' लिखा था। अब मेरी केवल एक ही बेचैनी थी कि होम्स वहाँ नहीं थे। स्टेशन की घड़ी बता रही थी कि ट्रेन छूटने में सिर्फ सात ही मिनट बचे थे। यात्रियों के समूहों और उन्हें विदा करनेवालों में मैंने उन्हें ढूँढ़ा, पर यह सब व्यर्थ था, क्योंकि मुझे उनमें अपने साथी का कोई निशान नहीं मिला। मैंने अपना कुछ समय इटली के एक बुजुर्ग पादरी की सहायता करने में बिताया, जो कि कुली को अपनी टूटी-फूटी अंग्रेजी में यह बताने की कोशिश कर रहा था कि उसका सामान पेरिस के लिए बुक होना था। फिर एक बार और चारों तरफ देखते हुए मैं वापस अपनी बोगी की तरफ लौट आया, जहाँ मुझे वही कुली मिला और उसने टिकट के बदले वही जीर्ण-शीर्ण पादरी साथी के रूप में दे दिया। उसे यह बताना मेरे लिए बेकार था कि उसकी मौजूदगी मेरे लिए अनधिकार घुसपैठ है, क्योंकि मेरा इटली भाषा का ज्ञान उसकी अंग्रेजी से भी कम था, इसीलिए मैंने अपने कंधे अस्वीकृति में उचका दिए और बेचैनी से अपने साथी के लिए इधर-उधर देखने लगा। जैसे ही मैंने सोचा कि उसकी गैर-मौजूदगी का मतलब यह हो सकता था कि उस रात उस पर

कोई घातक हमला हुआ होगा, डर की एक सिहरन सी मुझमें दौड़ गई। ट्रेन के दरवाजे पहले ही बंद हो चुके थे और जब सीटी बजी, तभी एक आवाज आई, "प्रिय वाटसन! तुमने मुझे गुड मॉर्निंग कहने की भी जहमत नहीं उठाई।"

मैं आश्चर्यचकित होकर मुड़ा। उस बुजुर्ग पादरी ने अपना चेहरा मेरी ओर घुमाया। अगले ही पल उसकी झुर्रियाँ सीधी हो गईं, नाक ठुड्डी से हट गई और नीचे के होंठों का आगे की ओर निकलना व मुँह का बुदबुदाना खत्म हो गया। उसकी उदास सी आँखों में एक चमक आ गई और उसका झुका हुआ शरीर तन गया। अब वह पुराना ढाँचा गायब हो चुका था और उसकी जगह होम्स ने ले ली थी।

मैं चीख पड़ा, "हे भगवान! तुमने मुझे कितना चौंका दिया।"

वह फुसफुसाते हुए बोला, "अभी भी सुरक्षा जरूरी है। मुझे पता था कि वे मेरा पीछा करेंगे। ओह, वहाँ मोरिआर्टी खुद भी मौजूद है।"

जैसे ही होम्स ने इतना कहा, ट्रेन चल पड़ी। पीछे की तरफ जब मैंने देखा तो वहाँ एक लंबा आदमी भीड़ को धक्का देते हुए आगे बढ़ रहा था और अपने हाथ इस तरह से हिला रहा रहा था कि जैसे वह ट्रेन रोकना चाहता हो। अब बहुत देर हो चुकी थी। ट्रेन ने अपनी गति पकड़ ली और थोड़ी ही देर में स्टेशन को पीछे छोड़ दिया।

होम्स ने हँसते हुए कहा, "अपने सारे सुरक्षा के उपायों के चलते हम बाल-बाल बचकर निकल आए।"

वह उठ खड़ा हुआ और खुद को छुपाने वाले अपने उस काले चोगे तथा हैट को उतारकर हैंडबैग में रख दिया।

"वाटसन! क्या तुमने आज सुबह का अखबार पढ़ा?"

"नहीं।"

"तब, तुम्हें बेकर स्ट्रीट के बारे में भी नहीं पता होगा।"

"बेकर स्ट्रीट?"

"उन्होंने पिछली रात को हमारे कमरों में आग लगा दी थी। इसमें कुछ अधिक नुकसान नहीं हुआ।"

"होम्स! यह तो बर्दाश्त के बाहर है।"

"जब उनका वह गदा वाला आदमी गिरफ्तार हुआ, तभी वे मुझे ढूँढ़ने में भटक गए। इसीलिए वे अंदाज नहीं लगा सके कि मैं वापस अपने कमरे में आ गया हूँ। उन्होंने तुम पर भी अपनी निगाह रखी थी और इसीलिए मारिआर्टी विक्टोरिया तक पहुँच गया था। तुमने आने में कोई गलती तो नहीं की थी?"

"मैंने ठीक वही किया जो आपने कहा था।"

"क्या तुम्हें वह घोड़ा गाड़ी मिली थी?"

"हाँ, वह मेरा इंतजार कर रही थी।"

"क्या तुमने कोचवान को पहचान लिया था?"

"नहीं।"

"वह मेरा भाई माइक्राफ्ट था। ऐसे मामलों में बिना तुमको बताए बिना स्वार्थ के ही उससे लाभ मिल जाता है। ऐसे नाजुक मौकों पर किसी भाड़े के आदमी को अपने विश्वास में नहीं ले

सकते। परंतु अब हमें मोरिआर्टी के लिए जो करना है, उसकी योजना बनानी है।"

"यह एक एक्सप्रेस ट्रेन है, तो मुझे लगता है हम इससे बहुत ही सुरक्षित ढंग से बच निकले हैं।"

"प्रिय वाटसन! तुमने मेरी बात का सही अंदाज नहीं लगाया है कि यह आदमी मेरे ही बौद्धिक स्तर का है। तुम सोच नहीं सकते हो कि यदि मैं पीछा करने वाला होता तो क्या मैं खुद को इतने हल्के अवरोध से रोक देने देता। तब तुम उसके बारे में इतना कम क्यों सोचते हो?"

"वह क्या करेगा?"

"मुझे क्या करना चाहिए?"

"तुम क्या करोगे?"

"दूसरी गाड़ी बदल लो।"

"पर वह लेट हो सकती है।"

"कोई फर्क नहीं पड़ता है। यह ट्रेन कैंटरबरी पर रुकती है और वहाँ बोट के आने में कम-से-कम पंद्रह मिनट की देर होती है। वह हमें वहाँ पकड़ लेगा।"

"कोई भी सोचेगा कि हम अपराधी हैं। उसके आने पर उसे गिरफ्तार हो जाने दो।"

"यह हमारा तीन महीने का काम बर्बाद कर देगा। हमें बड़ी मछली पकड़नी है, पर छोटी मछलियाँ जाल से बाहर बच जाएँगी। सोमवार को हमें वे सब मिल जाएँगी, इसीलिए गिरफ्तार होना ठीक नहीं है।"

"तब क्या करें?"

"हम कैंटरबरी पर बाहर आ जाएँगे।"

"और तब?"

"फिर हम नेवातेन से डी पी तक की एक लंबी यात्रा करेंगे। मुझे जो चाहिए, मोरिआर्टी वही करेगा। वह पेरिस जाएगा और हमारे सामान को पहचानकर वहाँ डिपो में हमारा दो दिनों तक इंतजार करेगा। इसी बीच हम कपड़े के दो बैग ले लेंगे को प्रोत्साहित करते हुए उसी के साथ यात्रा करेंगे। हम लक्सम्बर्ग व बैसले होते हुए स्विट्जरलैंड पहुँचेंगे।"

कैंटरबरी पर हम केवल इसीलिए उतर गए कि हमें न्यूहेवन के लिए ट्रेन पकड़ने के लिए वहाँ एक घंटा इंतजार करना था।

मैं अभी भी अपने सामान के साथ जाते हुए दुःखी मन से देख रहा था, क्योंकि इसमें मेरे कपड़े थे, जबकि होम्स ने मेरी बाँहें खींचीं और पटरी की ओर इशारा किया।

उन्होंने कहा, "तुम उसे पहले ही देख चुके हो।"

केंटिश के जंगलों में काफी दूर धुएँ की एक पतली सी रेखा ऊपर उठती हुई दिखाई पड़ रही थी। एक ही मिनट बाद एक गाड़ी का डिब्बा और इंजन दूर मोड़ से आता हुआ दिखाई पड़ा, जो कि स्टेशन की ओर ही आ रहा था। जैसे ही यह गरजता हुआ और अपनी गरम हवा हमारे चेहरे पर छोड़ता हुआ सामने से गुजरा, स्टेशन पर पड़े माल के ढेर के पीछे हो जाने का भी हमारे पास समय नहीं था।

जब हम उस गाड़ी के डिब्बे को पहाड़ी पर जाते हुए देख रहे थे, तभी होम्स ने कहा, "वह वहाँ जा रहा है।"

"हमारे साथी की बुद्धिमानी की भी सीमाएँ हैं। यह अप्रत्याशित हो सकता है कि मैं जो भी परिणाम निकालूँ और उस पर काम करूँ, उसका उन्हें पहले से ही पता चल जाता है।"

"उसने क्या किया होगा, क्या वह हमसे आगे निकल गया होगा?"

"इसमें कोई शक नहीं है कि उसने मुझ पर मेरी हत्या करने के लिए हमला किया होगा। यही एक खेल है, जिसे दोनों खेल सकते हैं। अब सवाल यह है कि हम पहले यहाँ लंच कर लें या न्यूहेवन पहुँचकर खाना खाने तक भूखे रहें।"

हम उस रात ब्रसेल्स के लिए चल दिए और हमने वहाँ दो दिन बिताए। तीसरे दिन हम स्ट्रासबर्ग के लिए चले। सोमवार की सुबह होम्स ने लंदन पुलिस को टेलीग्राम किया, जिसका जवाब हमें शाम को होटल में मिल गया था। होम्स ने इसे खोला और फिर बुरा सा मुँह बनाकर फेंक दिया। फिर एक कराहती आवाज में कहा, "मुझे लगता है, वह बच गया।"

"मोरिआर्टी?"

"सिवाय उसके उन्होंने पूरा गिरोह पकड़ लिया। वह बचकर निकल गया। वाकई जब मैंने देश छोड़ा तब उससे कोई बच नहीं सकता था, पर मैंने सोचा था कि मैंने उनके हाथों में उसे दे दिया। वाटसन, मेरे खयाल से तुम्हें वापस इंग्लैंड लौट जाना चाहिए।"

"क्यों?"

"क्योंकि मैं अब तुम्हारे लिए एक खतरनाक साथी बन चुका हूँ। मेरी नाक कट चुकी है। अब लंडन में मेरे लिए कुछ नहीं बचा जहाँ तक मैं उसके स्वभाव के बारे में जानता हूँ, वह अपनी पूरी ताकत मुझसे बदला लेने में लगा देगा। उसने मेरे साथ अपनी एक छोटी सी मुलाकात में कहा था और मैं जानता हूँ कि वह वैसा ही करेगा। मैं वाकई तुम्हें परामर्श देता हूँ कि तुम वापस अपनी प्रैक्टिस के लिए चले जाओ।"

यह किसी व्यक्ति के लिए एक अनुरोध जैसा ही था, जो कि उसका पुराना सहयोगी होने के साथ पुराना साथी भी था। हम स्ट्रैसबर्ग में इस विषय पर आधे घंटे तक बहस करते रहे और उसी रात हम जिनेवा के लिए निकल पड़े।

एक सप्ताह तक हम रॉन की मनोहर घाटी में घूमते रहे और फिर ल्यूक होते हुए जेमिनी दर्रे तक गए। जो कि बर्फ से ढका हुआ था। इसके बाद हम इंटरलेकन से मेरिजनेन भी गए। यह बहुत ही मनभावन यात्रा थी, नीचे धरती पर वसंत और ऊपर सफेद बर्फ; परंतु यह मुझे बिल्कुल ही साफ़ था कि एक पल के लिए भी होम्स उस काली छाया को नहीं भूल पाए थे। घर की तरह के उस अल्पाइन गाँव और एकांत पहाड़ी दर्रों में भी मैं उसकी चौकन्नी आँखों और हर आने-जाने वाले चेहरे पर उनकी तीक्ष्ण दृष्टि को देख रहा था। उसे इस बात का पक्का यकीन था कि हम जहाँ भी जाएँगे, खतरे से बाहर नहीं रहेंगे, जो कि हमारे पैरों के निशान का पीछा कर रहा था।

मुझे याद है कि एक बार जब हम जेमिनी से होकर गुजर रहे थे और डाउबेंसी की सीमा पर ही थे, तभी ऊपर पहाड़ी से एक बड़ा पत्थर नीचे की ओर लुढ़का और ठीक हमारे पीछे झील में

आवाज करता हुआ गिर गया। एक झटके से होम्स किनारे टीले पर चढ़ गया और अपनी गर्दन घुमाकर चारों ओर देखने लगा। वहाँ कोई नहीं दिखा और हमारे गाइड ने हमें यकीन दिलाया कि इस मौसम में यहाँ पत्थर अक्सर गिरते रहते हैं। होम्स ने कोई जवाब नहीं दिया, पर उस आदमी की बात सुनकर मेरी तरफ देखकर एक ऐसे व्यक्ति की तरह मुस्कुराया, जो कि अपनी बात का असर देख रहा हो।

अपने पूरे चौकन्नेपन के बावजूद वह हताश नहीं हुआ था। बल्कि मैंने पहले कभी उसको इतना अधिक उत्साह में नहीं देखा था। वह बार-बार इस बात पर आ जाता था कि यदि उसे इसका यकीन हो जाता कि वह समाज को मोरिआर्टी से आजाद करा सकता है, तब वह अपने जासूसी को प्रसन्नतापूर्वक एक परिणाम तक पहुँचा हुआ महसूस करता।

“मैं सोचता हूँ वाटसन, मैं अब यह कह सकता हूँ कि मैंने अपना जीवन बरबाद नहीं किया है। अगर मेरे संग्रह आज की रात बंद कर दिए जाते हैं, तब भी मैं उनका धैर्यपूर्वक अवलोकन कर सकता हूँ। लंदन की हवा मेरे लिए बहुत ही मधुर है। हजारों मामले, जिनमें मैंने काम किया है, मुझे याद नहीं है कि मैंने अपनी ताकत का इस्तेमाल कभी किसी गलत पक्ष के लिए किया हो। हाल ही में, बजाय उन अधिक बनावटी मामलों, जिनके लिए हमारे समाज की बनावटी स्थिति जिम्मेदार है, मेरा रुझान प्रकृति के द्वारा पैदा की गई समस्या की ओर रहा। वाटसन! यूरोप के सबसे अधिक खतरनाक और सक्षम अपराधी को पकड़ने या उसके सफाए के द्वारा जब मैं अपने पेशे को सजाऊँगा, तब वह दिन तुम्हारे संस्मरणों की समाप्ति का होगा।”

जो कुछ भी मेरे पास बताने के लिए बचेगा, उसे मैं संक्षिप्त रूप में और ठीक-ठीक बता दूँगा। यह एक विषय नहीं है, जिसमें मैं बना रहना चाहता हूँ, फिर भी मैं सचेत हूँ कि विस्तार से बताने के साथ किसी भी महत्त्वपूर्ण तथ्य को न भूलने का कार्य मुझे सुपुर्द किया गया है।

यह तीन मई थी और हम एक छोटे से गाँव मेरिंजेन पहुँचे, जहाँ हम इंग्लिशर हॉफ के पास रुके और फिर उसके बड़े भाई पीटर स्टेलियर के पास ठहराए गए। हमारा मकान मालिक एक बहुत ही बुद्धिमान आदमी था, वह बहुत ही अच्छी अंग्रेजी बोलता था। उसने लंदन के ग्रासवेनर होटल में तीन साल तक बेयरे की नौकरी की थी। उसी की राय पर हम चार तारीख को दोपहर में साथ-साथ इस इरादे के साथ पहाड़ी को पार करने चल दिए कि हम राजेनलुई की एक झोंपड़ी में रात गुजारेंगे। हमें समझाया गया था कि रेजिनबाख के झरने को उन छोटे चक्करदार रास्तों के देखे बिना उसे पार न करें, जो कि पहाड़ी के करीब आधे रास्ते पर है।

यह वाकई एक बहुत ही डरावनी जगह है। पिघली हुई बर्फ से यहाँ जलप्रवाह प्रबल था, जो कि नीचे बहुत ही गहराई में गिर रहा था। इसकी फुहारें जलते हुए घर के धुएँ की तरह घुमड़ रही थीं। यह नदी डरावने गहरे गर्त में गिर रही है। इसके किनारे काली चमकीली चट्टानें थीं। दूधिया रंग की यह नदी आगे से सँकरी होती हुई नीचे गहराई में गिर रही थी। तेजी से बहती हुई यह धारा ऊपर तक लबालब भरी हुई थी। दूर तक फैला हुआ वह हरे रंग का पानी नीचे गरज रहा था और फुहारों का वह मोटा परदा ऊपर की तरफ फुफकार रहा था। इसकी लगातार और शांति प्रदान करने वाली हवा आदमी में ख़ुमारी पैदा कर रही थी। हम किनारे

खड़े होकर नीचे पानी को देख रहे थे, जो कि काली चट्टानों के बीच से होकर जा रहा था और खाई के ऊपर आती फुहारों के साथ आवाजों को सुन रहे थे।

झरने का पूरा दृश्य देखने के लिए रास्ते को गोल बनाकर बंद कर दिया गया था, पर यह अचानक ही खत्म हो जाता था और यात्री जिधर से आता उसे उधर की ही ओर वापस जाना पड़ता था। इसीलिए हमें भी मुड़कर जाना पड़ा कि तभी हमने देखा कि स्विट्जरलैंड का रहने वाला एक युवक अपने हाथों में एक चिट्ठी लेकर दौड़ता हुआ आ रहा है। इसमें उसी होटल का निशान बना हुआ था, जिसे हमने अभी-अभी छोड़ा था। इस चिट्ठी पर मेरा नाम लिखा था। इससे पता चला कि हमारे होटल छोड़ने के कुछ ही मिनटों के बाद वहाँ एक अंग्रेज महिला आई थी, उसकी हालत फेफड़े के संक्रमण से बहुत खराब थी। वह डेवास प्लाट्ज पर छुट्टियाँ मनाने गई थी और अब अपने दोस्तों के पास ल्युसरने जा रही थी कि तभी उसकी तबीयत खराब हो गई। ऐसा मालूम पड़ता था कि वह कुछ ही घंटों की मेहमान है, यदि मैं वापस लौट जाता हूँ तो एक अंग्रेज डॉक्टर का उसको देखना उसके लिए एक बड़ी दिलासा होगी। उस भले आदमी स्टेलियर ने मुझे उस चिट्ठी में यकीन दिलाया था कि वह मेरी इस तकलीफ के लिए मेरा आभारी रहेगा। चूँकि उस महिला ने स्विट्जरलैंड के किसी चिकित्सक के लिए मना कर दिया था, इसीलिए वह इसे अपने ऊपर एक बड़ी जिम्मेदारी मान रहा था।

यह अनुरोध इस तरह का था कि इसे मना नहीं किया जा सकता था। अपने देश की महिला, जो कि अपरिचित भूमि पर मरनेवाली थी, उसके लिए इस प्रार्थना को अस्वीकार करना असंभव था। हालाँकि होम्स को छोड़कर जाते हुए मुझे झिझक

हो रही थी। अंत में तय यह हुआ कि वे उस युवा संदेशवाहक को अपने पास रास्ता बतानेवाले और सहयोगी के रूप में रखेंगे और मैं मैरिंजेन जाऊँगा।

होम्स ने कहा कि वे कुछ समय झरने के पास बिताएँगे और फिर धीमे-धीमे पहाड़ी पर चढ़ते हुए रोजेनलुई पहुँचेंगे, जहाँ शाम को मैं उनसे फिर मिल लूँगा। जैसे ही मैं कुछ दूर पहुँचा तो मैंने देखा कि होम्स की पीठ एक चट्टान के सहारे टिकी है और वे हाथ बाँधकर नीचे झरने का पानी देख रहे हैं। यही वह उनका अंतिम दृश्य था, जो मेरी तकदीर ने मुझे इस दुनिया में दिखाया था।

जब मैं काफी नीचे उतर आया और मुड़कर देखा, तब उन्हें वहाँ से देख पाना असंभव था, परंतु मैं उस घुमावदार रास्ते को देख सकता था, जो कि पहाड़ी से होकर उन तक जाता था। इसी पर एक आदमी, जहाँ तक मुझे याद है, काफी तेजी से जा रहा था। मैंने उसकी काली छाया की बाहरी रूप रेखा बहुत ही स्पष्ट रूप से देखी थी। मैंने उसके जल्दी-जल्दी चलने पर ध्यान दिया था, परंतु अपनी मंजिल पर जाने की जल्दी में वह मेरे दिमाग से हट गया था।

मेरिंजेन पहुँचने में मुझे एक घंटे से कुछ अधिक समय लगा। वह बुजुर्ग स्टेलर अपने होटल के पोर्च में खड़ा था। मैंने जल्दी-जल्दी आते हुए कहा, "मुझे यकीन है कि वह अभी ज्यादा बुरी स्थिति में नहीं होगी।"

उनके चेहरे पर एक आश्चर्य का भाव था और उनकी भौंहों के प्रदर्शन ने मेरे दिल की धड़कन बढ़ा दी थी। उस चिट्ठी को जेब से बाहर निकालते हुए मैंने कहा, "क्या यह चिट्ठी आपने नहीं लिखी है? क्या इस होटल में कोई अंग्रेज बीमार औरत नहीं है?"

वह जोर से बोला, "बिल्कुल नहीं। मगर इस चिट्ठी पर मेरे होटल का निशान है। इसका मतलब है कि इसे उसी लंबे अंग्रेज आदमी ने लिखा होगा, जो तुम लोगों के जाने के बाद आया था।" उसने कहा।

पर मैं उस होटल के मालिक की बात सुनने के लिए नहीं रुका। एक अजीब से भय के साथ मैं उस गाँव की सड़क पर दौड़ पड़ा और उसी ओर भागा, जिधर से मैं अभी-अभी उतरा था। इसमें मुझे करीब एक घंटा लग गया था। अपनी सारी कोशिशों के बावजूद एक बार फिर से रेजिनबाख के झरने तक पहुँचने में मुझे दो घंटे लग गए। होम्स का सामान उसी चट्टान पर पड़ा हुआ था, जहाँ मैंने उन्हें छोड़ा था, परंतु वहाँ उनका कोई नामोनिशान नहीं था। उनको आवाज देकर मेरा पुकारना भी बेकार गया, छोटी-छोटी पहाड़ियों से टकराकर आती मेरी आवाज की प्रतिध्वनि ही मेरा जवाब थी।

उनके वहाँ पड़े सामान को देखकर मेरा दिल बैठा जा रहा था। इसका मतलब यह हुआ कि वे रोजेनलुई नहीं पहुँचे। वे इसी तिराहे पर ही रुके होंगे, जिसके एक ओर सीधी-सपाट चढ़ाई और दूसरी ओर गहरी खाई थी। तभी उनके दुश्मन ने उन्हें पकड़ लिया होगा। वह स्विट्जरलैंड वाला युवक भी चला गया था। उसको शायद मोरिआर्टी ने कुछ धन दिया होगा और उसके साथ दो आदमी भी थे। फिर क्या हुआ होगा? कौन हमें बताए कि क्या हुआ होगा?

अपने आपको संयत करने के लिए मैं एक या दो मिनट के लिए खड़ा रहा, क्योंकि मैं उन चीजों को देखकर थोड़ा भयभीत हो गया था। फिर मैंने होम्स के अपने तरीकों की तरह सोचना

शुरू किया और इस आपदा को समझने के लिए उनको व्यवहार में लाने की कोशिश की। ऐसा करना बहुत ही आसान था। अपनी बातचीत के दौरान हम उस रास्ते के अंतिम सिरे तक नहीं गए थे और वहाँ पड़ा हुआ उनका सामान यही बता रहा था कि हम वहीं खड़े थे। वहाँ की काली मिट्टी फुहारों की बौछार से नरम हो गई थी और इस पर चिड़िया के पंचों के निशान पड़ सकते थे। जाते हुए पैरों के दो निशान वहाँ काफी दूर तक स्पष्ट थे, वे दोनों निशान मुझसे दूर होते जा रहे थे, परंतु उनमें से कोई भी निशान वापसी की तरफ नहीं लौटा था। उस मिट्टी से कुछ एक गज की दूरी पर ऐसा लगता था कि जमीन कुछ रौंदी गई थी और खाई में लटकी हुई झाड़ियाँ टूटी तथा बिखरी हुई थीं। मैंने आगे की ओर झुककर देखा, पर तेज आती हुई फुहारों ने मुझे पूरा भिगो दिया। मेरे वहाँ से चलने के पहले ही अँधेरा हो चुका था और अब मुझे चमकती हुई चट्टानों पर केवल नमी ही दिख दे रही थी। नीचे दूर तक पानी के गिरने की आवाज थी। मेरे पुकारने पर केवल उसकी प्रतिध्वनि ही आती थी।

यह भाग्य का ही खेल था कि मेरे साथी और सहयोगी की अंतिम बधाइयाँ ही मेरे साथ थीं। उसका सामान अभी भी चट्टान से टिका हुआ रास्ते पर पड़ा था। पास ही के एक पत्थर पर कुछ चमकती हुई सी चीज ने मेरा ध्यान अपनी तरफ खींचा और हाथ बढ़ाकर उठाते ही मुझे लगा कि यह तो चाँदी का सिगरेट का डिब्बा है, जिसे वे हमेशा अपने साथ रखते थे। मैंने इसे जैसे ही उठाया कि इसके नीचे दबा एक चौकोर कागज का टुकड़ा नीचे जमीन पर गिर पड़ा। इसे खोलने पर मैंने देखा कि यह उनकी नोटबुक से फटे पन्ने हैं और इनमें उन्होंने मुझे ही संबोधित करके लिखा है। उसकी दिशा स्पष्ट थी और लिखावट उतनी ही साफ तथा सुघड़ कि जैसे यह उसके अपने अध्ययन- कक्ष में ही लिखी गई हो।

प्रिय वाटसन!

मैं कुछ पंक्तियाँ मि. मोरिआर्टी की आभार स्वीकृति में लिख रहा हूँ, जिन्होंने उन प्रश्नों की अंतिम चर्चा के लिए, जो कि हम दोनों के ही बीच थे, मेरी सुविधा का इंतजार किया। उसने मुझे अपने काम के तरीकों की रूपरेखा दिखा दी है, जिसके द्वारा वह अंग्रेज पुलिस से बच निकला और उसने हमारी गतिविधियों के बारे में पता लगा लिया। मैंने उसकी काबिलियत के बारे में जो ऊँची धारणा बना रखी थी, उसे उसने और भी पक्का कर दिया। मुझे यह सोचकर बहुत खुशी है कि मैं समाज को उसकी मौजूदगी से होने वाले आगामी प्रभावों से आजाद कर दूँगा, हालाँकि मुझे डर है कि यह सब उस कीमत पर होगा, जो कि मेरे साथियों के लिए, खासतौर से वाटसन, तुम्हें बहुत ही पीड़ा दायक होगा। मैं तुम्हें पहले ही बता चुका हूँ कि मेरा पेशा अपने एक खास मुकाम तक पहुँच चुका है और इससे अधिक अनुकूल इसके समापन की संभावना नहीं है। दरअसल, मैं अपना अपराध स्वीकार करता हूँ कि मुझे पूरा अंदाज था कि मरिंजेन से आने वाला वह पत्र एक धोखा था और मैंने तुम्हें इस उद्देश्य से जाने की अनुमति दी थी कि इस मामले में कुछ इसी तरह का नतीजा निकलेगा। इंस्पेक्टर पैटरसन से कहना कि इस गिरोह को कठघरे में लाने के लिए जिन कागजों की उसे जरूरत है, वे एम वाले ताखे में रखे हैं और उस नीले रंग के लिफाफे के ऊपर 'मोरिआर्टी' लिखा है। इंग्लैंड से चलते समय मैंने अपनी सारी संपत्ति अपने भाई माइक्राफ्ट के हवाले कर दी थी। प्लीज, मिसेज वाटसन को मेरी शुभकामनाएँ देना और मेरे प्रति अपना विश्वास बनाए रखना।

तुम्हारा

शेरलॉक होम्स

अब जो बच गया था, उसके लिए संक्षेप में ये कुछ शब्द ही काफी थे। विशेषज्ञों की छानबीन ने थोड़ी भी शुबहा नहीं छोड़ी थी कि दोनों व्यक्तियों के बीच का निजी द्वंद्व समाप्त हो चुका था। सिवाय इसके कोई दूसरा अंत नहीं था कि इस परिस्थिति में वे दोनों एक-दूसरे को बाँहों में जकड़े लुढ़कते चले गए होंगे। उनके शरीरों को ढूँढ़ने की कोशिश भी पूरी तरह से बेकार थी, क्योंकि वहाँ उस भँवरवाले पानी और उफनते झाग में वह खतरनाक अपराधी तथा अपनी पीढ़ी का वह कानून का विजेता हमेशा-हमेशा के लिए डूब गया होगा। स्विट्जरलैंड का वह युवक फिर कभी नहीं दिखा। इसमें कोई शक नहीं था कि वह उन्हीं एजेंटों में से एक होगा, जिसे मोरिआर्टी ने रख छोड़ा था। जहाँ तक उस गिरोह का सवाल है, वह लोगों की स्मृति में था कि वे सबूत कितने पक्के थे, जो होम्स ने उनके संगठनों के खुलासे के लिए इकट्ठे किए थे और उस मृत व्यक्ति का हाथ उस पर कितना भारी पड़ा था। उनके खतरनाक मुखिया के बारे में कुछ बातें मुकदमे के दौरान बाहर आईं। अब अगर मैं उनके कॅरियर के बारे में कुछ कहने के लिए मजबूर हूँ तो वह उन अविवेकी लोगों की वजह से है, जिन्होंने उन पर अपने हमलों के द्वारा उन यादों को मिटाने की कोशिश की है, जिन्हें मैं हमेशा एक बेहतर और बुद्धिमान व्यक्ति का दर्जा देता रहूँगा।

खाली घर का रहस्य

सन् 1894 के वसंत का समय था, परंतु सारे लंदन की फैशन परस्त दुनिया माननीय रोनाल्ड एडेयर की असामान्य और विचित्र सी परिस्थितियों में हुई मौत से दुःखी थी और इसमें पर्याप्त रुचि भी ले रही थी। पुलिस की छानबीन में इस अपराध के जो भी ब्योरे सामने आए, जनता उनको पहले से ही जान चुकी थी। इसमें से बहुत कुछ दबाया भी जा चुका था, चूँकि अभियोजन का मुकदमा इतना मजबूत था कि सभी तथ्यों को सामने लाने की जरूरत ही नहीं पड़ी। अब केवल दस सालों के बाद, मैं उन खोई हुई कड़ियों को ला रहा हूँ, जिनसे मिलकर एक बेहतरीन श्रंखला बनेगी। यह अपराध अपने आप में ही रोचक था, मगर मेरे लिए यह रोचकता उस अविश्वसनीय परिणाम की तुलना में कुछ भी नहीं थी। इस घटनाचक्र ने मेरे साहसिक जीवन में मुझे एक गहरा धक्का और अचरज से भर दिया। अभी भी इतना समय बीत जाने के बाद जब मैं इसके बारे में सोचता हूँ तो मुझे प्रसन्नता, आश्चर्य और अविश्वास की एक बाढ़ सी नजर आती है, जिसमें मेरा मन

डूब जाता है। मुझे लोगों को यह बताना है कि जिस अद्भुत व्यक्ति के कामों और विचारों को मैंने प्रस्तुत किया है, लोगों ने उनमें रुचि दिखाई है, वे मुझे इस बात के लिए दोषी नहीं ठहराएँगे कि मैंने उनको अपनी जानकारियों में हिस्सेदार नहीं बनाया, क्योंकि यह मेरा पहला कर्तव्य था और ऐसा करने के लिए मुझे होम्स ने स्वयं ही मना किया था। अभी पिछले महीने की तीसरी तारीख को ही उन्होंने मुझे इस बंधन से आजाद किया है।

इस चीज की कल्पना की जा सकती है कि शेरलॉक होम्स के साथ मेरी अति घनिष्ठता ने अपराध के क्षेत्र में मेरी गहरी रुचि जगा दी थी। उनकी गैर-मौजूदगी में लोगों के सामने आनेवाली कई तरह की समस्याओं को ध्यानपूर्वक समझने में मैं कभी भी असफल नहीं हुआ। यहाँ तक कि कई बार अपने खुद के संतोष और उसके समाधान के लिए मैंने उन तरीकों का इस्तेमाल भी किया; हालाँकि मैं सफलता से तटस्थ ही रहा, परंतु एडेयर की त्रासदी के अलावा उनमें से ऐसी कोई भी चीज नहीं थी, जिसने मुझे प्रभावित किया। इनकी जाँच के प्रमाण मुझे किसी ऐसे व्यक्ति या अनजाने व्यक्तियों के खिलाफ ले गए, जिन्होंने जान-बूझकर हत्या की थी। शेरलॉक होम्स की मौत से समाज को जो नुकसान हुआ था, उसे मैंने इतनी शिद्दत से महसूस किया, जितना कि पहले कभी नहीं किया था। इस विचित्र से मामले में इस तरह के बिंदु थे, जिनका मुझे यकीन था कि वे उन्हें खासतौर से लुभाते और वे पुलिस की सहायता भी कर रहे होते या जहाँ तक भी मुमकिन है, यूरोप के प्रथम प्रशिक्षित अपराध एजेंट के सजग दिमाग का पूर्वानुमान भी पाते। जब मैं सारे दिन घूम रहा था, तब मेरे दिमाग में वह केस भी चक्कर काट रहा था, परंतु

मुझे इसका कोई भी उचित समाधान नहीं मिला। कहानी की पुनरावृत्ति के जोखिम से बचने के लिए मैं इसके तथ्यों को संक्षेप में ही दुहराऊँगा, क्योंकि वे लोगों को जाँच के परिणाम के रूप में पहले से ही पता हैं।

माननीय रोनाल्ड एडेयर मैनूथ के अर्ल के दूसरे बेटे थे, जो कि उस समय ऑस्ट्रेलिया के उपनिवेशों में से किसी एक के गर्वनर थे। एडेयर की माँ को ऑस्ट्रेलिया से वापस लौटना पड़ा, क्योंकि उन्हें मोतियाबिंद का ऑपरेशन कराना था। वे अपने बेटे रोनाल्ड और बेटी हिल्डा के साथ 427, पार्क लेन में ही रहती थीं। रोनाल्ड समाज के संभ्रांत लोगों के बीच उठते-बैठते थे और इनकी न तो किसी के साथ दुश्मनी थी और न ही इनमें कोई खास गंदी आदतें थीं। इनकी सगाई क्रस्टेयर्स की मिस एडिथ वुडले के साथ हुई थी, मगर कुछ ही महीने पहले उनके आपसी समझौते से यह सगाई टूट गई। इस घटना ने अपने पीछे किसी तरह के भावनात्मक चिह्न भी नहीं छोड़े थे। चूँकि इनकी आदतें और स्वभाव भावुकताविहीन थीं, इसीलिए इनका बचा हुआ जीवन संकीर्ण और रूढ़िगत सामाजिकता में ही गुजरता था। ऐसा होने पर भी इस अभिजात वर्गीय आराम से जिंदगी जीने वाले व्यक्ति की विचित्र और आकस्मिक मौत 30 मार्च, 1894 को रात दस और ग्यारह बजकर बीस मिनट के बीच हो गई।

रोनाल्ड एडेयर को ताश खेलने का शौक था, पर वह ऐसे दाँव नहीं लगाता था, जिससे उसे नुकसान हो। वह बाल्डविन, कैवेंडिश और बैग्टेल ताश क्लबों का सदस्य था। यह पता चला था कि अपनी मौत वाले दिन खाना खाने के बाद उसने अंतिम वाले क्लब में ताश भी खेला था। वहीं पर उसने दोपहर में भी

ताश खेला था। इसके गवाह वही लोग थे, जिन्होंने उसके साथ ताश खेले, जैसे मि. मरे, सर जान हार्डी और कर्नल मोरान। इन्होंने बताया कि खेल बराबरी पर ही छूटा था। एडेयर अधिक नहीं, शायद पाँच ही पाउंड हारे थे। उसकी तकदीर ने उसका साथ दिया और इतने नुकसान से उस पर कोई फर्क नहीं पड़ने वाला था। वह करीब-करीब हर रोज किसी एक या दूसरे क्लब में ताश जरूर खेलता था और अक्सर जीतकर ही उठता था। सबूतों से यह भी जानकारी मिली थी कि कर्नल मोरान का पार्टनर बनकर उसने कुछ ही हफ्ते पहले एक ही बैठक में 420 पाउंड गाडफ्रे मिलनर और लार्ड वालमोर से जीते थे। उसकी मौत के बाद की छानबीन से उसका इतना ही इतिहास पता चला।

जिस दिन यह हत्या हुई, उस दिन वह क्लब से रात को दस बजे ही लौट आया था। उसकी माँ और बहन उस शाम किसी संबंधी के घर गई हुई थीं। वहाँ मौजूद नौकरानी ने बताया कि उसने एडेयर को दूसरी मंजिल पर सामने वाले कमरे में घुसते हुए देखा, जिसको सामान्यत: वह अपने बैठक के रूप में ही इस्तेमाल करता था। उस नौकरानी ने आतिशदान के जलाए जाने की आवाज सुनी और धुआँ होने पर उसने खिड़की खोल दी। ग्यारह बजकर बीस मिनट तक, जब तक कि मैडम मैनूथ और उनकी बेटी वापस नहीं आ गईं, उसने कोई भी आवाज नहीं सुनी थी। 'शुभ रात्रि' कहने के लिए उसने अपने बेटे के कमरे में घुसने की कोशिश की, पर कमरे का दरवाजा भीतर से बंद था और उसके आवाज देने और थपथपाने पर भी भीतर से कोई जवाब नहीं आया। दूसरों की सहायता लेकर दरवाजा जबरदस्ती खोला गया। वह बेचारा युवक टेबल के पास पड़ा हुआ था, रिवॉल्वर की

गोली से उसके सिर के चिथड़े उड़ गए थे, परंतु कमरे में किसी तरह का हथियार नहीं मिला। टेबल पर 10 पाउंड और 17 पाउंड के सोने व चाँदी की कीमत वाले बैंक नोट पड़े हुए थे और यह सारा धन छोटी-छोटी गड्डियों में था। वहाँ कागज पर भी कुछ अंक लिखे थे और उनके सामने उसके क्लब के कुछ मित्रों के नाम भी थे। इन सबसे यह अनुमान लगाया जा सकता था कि अपनी मौत से पहले वह ताश के खेल में हुई अपनी हार या जीत का हिसाब लगा रहा था।

परिस्थितियों को देखने के बाद यह मामला कुछ अधिक ही जटिल लगता था। सबसे पहले तो इस बात का कोई कारण नहीं मिला कि इस युवक ने कमरा अंदर से बंद क्यों कर रखा था। यह भी मुमकिन था कि शायद हत्यारे ने ही ऐसा किया हो और फिर खिड़की से भाग गया हो। कूदने के लिए यह ऊँचाई करीब बीस फीट की थी और नीचे केसर की क्यारियों के मसले जाने तथा घर से सड़क तक की घास की पतली पट्टी पर भी कोई चिह्न नहीं थे। इसका मतलब यह था कि इस युवक ने खुद ही दरवाजा भीतर से बंद किया था। मगर उसकी मौत कैसे हुई? बिना कोई निशान छोड़े कोई भी खिड़की तक नहीं पहुँच सकता था। मान लें किसी आदमी ने खिड़की से गोली चलाई, तब वह गोली असाधारण ढंग से चली होगी, तभी इतने सटीक निशाने पर लगी। हालाँकि पार्क लेन एक बहुत ही चहल-पहल वाली जगह है और इस मकान से सौ गज की ही दूरी पर घोड़ा गाड़ी का एक स्टैंड भी है। किसी ने भी गोली चलने की आवाज नहीं सुनी। फिर भी एक आदमी तो मरा ही था और रिवॉल्वर से एक गोली भी निकली थी। यह गोली इतनी नुकीली और घातक थी कि इससे कोई भी तुरंत ही मर

सकता था। यही था पार्क लेन का रहस्य, जिसमें किसी भी सुराग का अभाव नजर आ रहा था, क्योंकि जैसा कि मैं पहले ही बता चुका हूँ, युवक एडेयर की किसी से भी दुश्मनी नहीं थी और इस कमरे से धन और कीमती चीजें हटाने की भी कोशिश नहीं की गई थी। सारे दिन मैं इन्हीं तथ्यों को अपने दिमाग में उलटता-पलटता रहा और किसी ऐसे विचार पर पहुँचने का प्रयास करता रहा, जो कि उन्हें आपस में मिला सके।

साथ-ही-साथ मैं कम-से-कम रुकावटवाली दिशा भी ढूँढ़ता रहा, जिसे मेरा साथी प्रत्येक छानबीन का शुरुआती बिंदु बताता था। मैं यह मानता हूँ कि मैंने इस मामले में बहुत ही कम प्रगति की है। शाम को छह बजे मैं टहलता हुआ पार्क लेन के आखिर में ऑक्सफोर्ड स्ट्रीट तक आ पहुँचा। वहीं फुटपाथ पर कुछ निठल्ले खड़े थे और मुझे वह मकान दिखाकर उस खिड़की की ओर इशारा कर रहे थे। यह वही मकान था, जिसे मैं देखने पहले भी आ चुका था। एक लंबा पतला सा आदमी, जिसने रंगीन चश्मा लगा रखा था, मेरे अनुमान से वह सादे कपड़ों में कोई जासूस ही था और अपनी ही कोई कहानी सुना रहा था। वह जो कुछ भी कह रहा था, वहाँ खड़ी भीड़ उसे सुन रही थी। मैंने उसके पास पहुँचकर उसे सुना, पर उसका आकलन मुझे बिल्कुल बेहूदा लगा। इसीलिए मैं कुछ निराश होकर वापस मुड़ा। जैसे ही मैं वापस मुड़ा, में ठीक मेरे पीछे खड़े एक बुज़ुर्ग विकलांग आदमी से टकरा गया और उसकी कई किताबें जमीन पर बिखर गईं, जिन्हें लेकर वह कहीं जा रहा था। मुझे याद है कि जब मैं उन किताबों को उठा रहा था, तभी मैंने उनमें से एक का शीर्षक देखा, 'वृक्ष पूजन', और इसने मुझे थोड़ा सा अचंभित किया कि या तो

यह बेचारा पुस्तक प्रेमी है या व्यापारी या शायद शौकिया ही ऐसी दुर्बोध पुस्तकें इकट्ठा कर रहा है। मैंने इस दुर्घटना के लिए उससे माफी माँगी, पर ऐसा लग रहा था कि जिन किताबों के साथ मैंने दुर्व्यवहार किया था, वे उसके लिए बहुत ही महत्त्वपूर्ण थीं। गुस्से में गुर्राता हुआ वह दूसरी ओर मुड़ गया और मैंने देखा कि उसकी सफेद गलमुच्छें लोगों की भीड़ में कहीं खो गईं।

427, पार्क लेन की मेरी छानबीन, जिसमें कि मेरी भी रुचि थी, ने अब मेरी समस्या को थोड़ा स्पष्ट कर दिया था। इस मकान के चारों ओर एक दीवार और रेलिंग थी, इसकी ऊँचाई पाँच फीट से अधिक नहीं थी। किसी भी आदमी के लिए इसे फाँदकर बगीचे में जाना कोई मुश्किल नहीं था, पर खिड़की तक पहुँचना आसान नहीं था, क्योंकि वहाँ पानी का पाईप तक नहीं था, जिससे कि किसी बहुत तेज आदमी को चढ़ने में सहायता मिल सकती। सबसे अधिक आश्चर्य की बात तो तब हुई जब मैं वापस केनसिंग्टन पहुँचा। मुझे अपने अध्ययन-कक्ष में पहुँचे अभी पाँच मिनट भी नहीं बीते थे कि मेरी नौकरानी यह बताने के लिए आई कि कोई आदमी मुझसे मिलने आया है। तब मुझे आश्चर्य हुआ जब मैंने देखा कि वह और कोई नहीं, बल्कि वही बूढ़ा है, जो किताबें इकट्ठी कर रहा था और उसके दाहिने हाथ में कम-से-कम एक दर्जन किताबें थीं।

उसने अपनी टूटती हुई, अपरिचित आवाज में पूछा, "आप मुझे देखकर चकित हैं, सर!"

मैंने स्वीकार कर लिया कि मैं वाकई चकित हूँ।

"मेरे पास भी दिमाग है और जब मैंने आपको इस घर में

घुसते हुए देखा, तब मैं आपके पीछे लँगड़ाता हुआ आ गया। मैंने सोचा कि मैं अंदर आ जाऊँ और उस भले आदमी को देखूँ और बताऊँ कि यदि मेरा व्यवहार थोड़ा रूखा था, तब भी मेरा आशय आपको नुकसान पहुँचाने का नहीं था, और आपने जो किताबें उठाकर मुझे दी थीं, मैं उसके लिए आपका एहसानमंद हूँ।"

मैंने कहा, "आपने बहुत तकलीफ उठाई, क्या मैं जान सकता हूँ कि आपको कैसे पता चला कि मैं कौन हूँ?"

"जी हाँ, सर! मैं आपका ही पड़ोसी हूँ। चर्च स्ट्रीट के कोने पर मेरी किताबों की एक छोटी सी दुकान है और मुझे यकीन है कि आपको वहाँ देखकर मुझे बहुत ही खुशी होगी। आपको वहाँ बड़ा सुकून मिलेगा, सर। यहाँ मेरे पास कुछ किताबें हैं, जैसे ब्रिटिश बर्ड्स, द होली वार, कैटल्स। आप इन्हें रख सकते हैं, केवल पाँच खंडों में ही आपकी आलमारी का दूसरा खाना भर जाएगा। पर यह बहुत ही अस्त-व्यस्त है, है न?"

मैंने अपना सिर पीछे की ओर घुमाया और आलमारी की ओर देखा। जैसे ही मैं वापस मुड़ा, मैंने देखा कि शेरलॉक होम्स मेरी पढ़नेवाली टेबल के बगल में खड़े होकर मुस्करा रहा था। मैं तुरंत ही खड़ा हो गया और आश्चर्य से उनकी तरफ कुछ सेकेंड तक देखता ही रहा और मुझे ऐसा लगा कि मैं बेहोश हो जाऊँगा। ऐसा अनुभव मुझे जीवन में पहली और आखिरी बार हुआ था। वाकई मेरी आँखों के सामने धुँधलका सा छा गया और जब यह साफ हुआ, तब मैंने महसूस किया कि मेरे कॉलर के बटन खोले जा चुके थे और ब्रांडी के बादवाला तीखा स्वाद मेरे होंठों पर पड़ा हुआ था। होम्स मेरी कुरसी पर झुका हुआ था और उनके हाथ में उनका मुखौटा था।

जो आवाज मुझे अच्छी तरह से याद थी, उसी आवाज में उन्होंने कहा, "प्रिय वाटसन! मैं तुमसे हजार बार माफी माँगता हूँ, मुझे इस बात का अंदाज नहीं था कि तुम पर इतना अधिक असर होगा।"

मैंने उसे अपनी बाँहों में भर लिया। मैं रो पड़ा। "होम्स, क्या वाकई आप हैं? क्या आप सचमुच जिंदा हैं? क्या यह वाकई मुमकिन था कि आप उस भयानक खाई से बाहर निकल आए?"

उन्होंने कहा, "एक मिनट रुको। क्या तुम इन बातों को सुनने की हालत में हो? मैंने तुम्हें अचानक प्रकट होकर बड़ा धक्का पहुँचाया है।"

"मैं बिल्कुल ठीक हूँ, पर होम्स! मुझे अपनी आँखों पर विश्वास नहीं हो रहा है। हे भगवान्! मैं सोच नहीं पा रहा हूँ कि आप मेरे कमरे में खड़े हैं।"

मैंने उनकी बाँह को कसकर पकड़ा और अपने हाथ के नीचे उनकी पतली पर हट्टी-कट्टी बाँह को महसूस किया।

मैंने कहा, "तुम कोई रूह नहीं हो और मैं तुम्हें देखकर बहुत ही खुश हूँ। बैठ जाओ और मुझे बताओ कि तुम उस भयानक खाई से कैसे बाहर निकले?"

वे ठीक मेरे सामने बैठ गए और अपने उसी पुराने तरीके से सिगरेट सुलगाई। उसने किताबों के दुकानदार की तरह ही फ्रॉकवाला कोट पहन रखा था, पर उनके बाल सफेद थे और मेज पर पुरानी किताबों का ढेर लगा हुआ था। होम्स किसी बूढ़े से कहीं अधिक सजग और पतला दिख रहा था, पर उसकी गरुड़ सरीखी

आकृति पर एक सफेदी सी झलक रही थी, जिससे पता चलता था कि उसका हाल का जीवन स्वस्थ नहीं था।

होम्स ने कहा, "वाटसन! मुझे अपने आपको सीधा करने में बहुत मजा आ रहा है। एक लंबे आदमी के लिए अपने शरीर को घंटों तक झुकाए रखना कोई मजाक बात नहीं है। हाँ तो मेरे प्यारे दोस्त, अपने इस सारे किस्से के साथ क्या अब मैं अपने सामने आने वाली एक खतरनाक रात के काम के लिए तुम्हारा सहयोग प्राप्त कर सकता हूँ? उस काम को पूरा करने के लिए शायद यह अच्छा होगा कि मैं तुम्हें सारी स्थिति से परिचित करा दूँ।"

"मैं बहुत ही उत्सुक हूँ और इसे तुरंत सुनना चाहता हूँ"

"आज रात तुम मेरे साथ चलोगे?"

"तुम जब भी चाहो और जहाँ भी चाहो।"

"यह तो वाकई उन पुराने दिनों की ही तरह है। चलने से पहले हमारे पास भरपेट खाना खाने का समय है। और उस खाई वाले झरने से मुझे बाहर निकलने में कोई परेशानी नहीं हुई, क्योंकि इसका कारण बहुत ही सीधा है, मैं इसमें गिरा ही नहीं था।"

"आप इसमें गिरे ही नहीं?"

"नहीं, वाटसन! मैं इसमें कभी नहीं गिरा। मैंने तुमको जो नोट लिखा था, वह बिल्कुल सच था। मुझे इस बात का शक हो गया था कि मैं अपनी जासूसी की समाप्ति पर पहुँच चुका हूँ, तभी मैंने उस बदशक्ल प्रोफेसर मोरिआर्टी की आकृति देखी, जो कि उस सँकरे रास्ते पर थी मैंने उसकी स्लेटी आँखों में एक दृढ़ निश्चयदेखा। मैंने उसके साथ कुछ बातचीत भी की और उसकी

सहज अनुमति से एक आदेश भी लिखा, जो कि बाद में तुमको मिला, जिसे मैंने अपनी सिगरेट की डिब्बी और छड़ी के साथ छोड़ दिया था। मैं फिर सँकरे रास्ते पर चल दिया, मोरिआर्टी अभी भी मेरे पीछे आ रहा था और जब मैं अंतिम छोर पर पहुँचा तो देखा कि मैं एक घाटी पर खड़ा हूँ। उसने कोई हथियार नहीं निकाला, पर वह मेरी तरफ दौड़ा और मुझे अपनी लंबी बाँहों में जकड़ लिया। वह जानता था कि उसका खेल खत्म हो चुका था और वह केवल मुझसे बदला लेना चाहता था। हम ऊपर झरने के किनारे एक साथ गुँथे हुए लड़खड़ा रहे थे। मुझे जापानी कुश्ती की कुछ जानकारी है, जो कि कई बार मेरे काम भी आ चुकी है। मैं किसी तरह उसकी पकड़ से बाहर आ चुका था, पर वह एक तेज चीख के साथ मुझ पर पागलों की तरह कुछ देर तक ठोकर मारता रहा और हवा में अपने पंजे लहराता रहा। यह करते हुए वह अपना संतुलन न बना सका और नीचे खाई में गिर गया। ऊपर किनारे से मैंने देखा कि वह काफी नीचे तक गिरता चला गया और फिर एक चट्टान से टकराया, उछला और नीचे गहरे पानी में गिर गया।"

मैंने इस कहानी को आश्चर्य के साथ सुना, जो कि होम्स ने अपनी सिगरेट के कश लेते हुए मुझे सुनाई।

मैं जोर से चीखा, "पर वे पैरों के निशान, जिन्हें मैंने अपनी आँखों से देखा था, जो कि रास्ते पर सिर्फ जाने के ही थे, वे वापस नहीं लौटे।"

यह इस प्रकार हुआ कि जब प्रोफेसर गायब हो गया, तब मैंने सोचा कि भाग्य ने मुझे कितना अद्भुत अवसर दिया है। मैं जानता था कि मोरीआर्टी ही वह अकेला शख्स नहीं था, जिसने

मेरी मौत की कसम खाई थी। वहाँ कम-से-कम तीन और भी लोग थे, जिनकी मुझसे बदला लेने की चाहत और भी बढ़ जाएगी, जब वे जानेंगे कि उनके नेता की मौत हो चुकी है। वे सब बहुत ही खतरनाक आदमी हैं। उनमें से कोई एक मुझे जरूर ढूँढ़ लेगा और दूसरी तरफ दुनिया मान चुकी है कि मेरी मौत हो गई। इस तरह वे निश्चिंत हो जाएँगे। वे लोग खुद ही सामने आ जाएँगे और कभी-न-कभी मैं उन्हें ख़त्म कर दूँगा। तभी उस घोषणा का समय आएगा कि मैं अभी जीवित हूँ। इसीलिए मेरे दिमाग ने तेजी से काम किया और मुझे लगता है कि जब तक प्रोफेसर मोरिआर्टी नीचे रेंचबाख झरने में पहुँचा होगा, इतनी ही देर में मैंने इस पर सोच लिया था।

"मैं खड़ा हुआ और अपने पीछे उस चट्टानवाली दीवार को देखा। तुम्हारे उस सजीव चित्रण के साथ वह विवरण जिसे मैंने कुछ महीनों बाद पढ़ा था और जिसमें तुमने इस बात पर जोर दिया था कि वह दीवाल बिल्कुल ही सीधी-सपाट थी, पर वह बात पूरी तरह से सही नहीं थी। दीवाल पर कहीं-कहीं पैर टिकाने के लिए अपने आप छोटे-छोटे खाँचे बन गए थे। वह चट्टानी चढ़ाई बिल्कुल असंभव सी मालूम पड़ती थी और इसीलिए गीले रास्ते के बगल से गुजरते हुए मेरे पैरों के निशान का मिलना भी असंभव था। यह हो सकता था कि वापसी के मेरे जूतों के निशान तुम्हें मिल जाते, पर तीन-तीन जोड़ी पैरों के एक ही दिशा में जाते निशानों ने वाकई एक धोखा पैदा कर दिया होगा। एक चीज और सबसे अच्छी हुई कि मैंने ऊपर चढ़ने का जोखिम उठाया। वाटसन! इस काम में कोई मजा नहीं आ रहा था। नीचे झरने के गरजने की आवाज आ रही थी। मैं कोई कल्पनाशील व्यक्ति

नहीं हूँ, मगर मैं तुमको बताना चाहता हूँ कि मुझे उस खाई में मोरिआर्टी की चीखने की आवाज महसूस हो रही थी। एक छोटी सी भी गलती मेरे लिए खतरा बन सकती थी। कई बार मेरे हाथों में घास का गुच्छा आया या मेरा पाँव भीगे हुए चट्टानी खाँचों से फिसला और मुझे लगा कि मैं गया, पर मैंने ऊपर चढ़ने के लिए संघर्ष किया और कई फीट नीचे की चट्टान पर पहुँच गया, जो कि मुलायम हरी काई से भरी हुई थी और जहाँ मैं दिखाई न देकर बहुत ही आराम से लेट सकता था। मैं वहीं लेटा हुआ था, जहाँ प्रिय वाटसन, तुम और तुम्हारे सहयोगी बहुत ही दयनीय तरीके से मेरी मौत की छानबीन कर रहे थे।

"अंत में जब तुम सभी ने अपनी कभी न बदलने वाली गलत धारणा को बना लिया और तुम वापस होटल चले आए, तब भी मैं वहीं अकेला पड़ा रहा। मैंने सोचा कि मैं अपने रोमांचकारी कारनामों की समाप्ति पर पहुँच चुका हूँ, परंतु एक बिना उम्मीदवाली घटना ने मुझे दिखाया कि अभी भी मेरे लिए कुछ आश्चर्यजनक चीजें बची हुई हैं। तभी एक बड़ी सी चट्टान ऊपर से गिरी, मेरे पीछे जोर की आवाज करते हुए रास्ते पर टकराई और फिर उछलकर झरने में गिर गई। एक मिनट के लिए तो मुझे लगा कि यह एक दुर्घटना थी, पर अगले ही पल मुझे अँधेरे आसमान की तरफ एक आदमी का सिर दिखाई पड़ा और फिर एक दूसरा पत्थर वहीं पर गिरा, जहाँ मैं लेटा हुआ था। इस पत्थर से मेरे सिर की दूरी सिर्फ एक फीट की ही थी। इसका मतलब बिल्कुल साफ था। मोरिआर्टी अकेला नहीं था, इसका पूरा गिरोह था और यहाँ तक कि एक झलक ने ही मुझे दिखा दिया कि इस आदमी का गिरोह कितना खतरनाक है। जब

प्रोफेसर मुझ पर आक्रमण कर रहा था तो उसकी सुरक्षा के लिए उसके साथ एक गार्ड भी था। दूर से वह मुझे दिख नहीं रहा था, पर वह अपने साथी की मौत और मेरे बचे रहने का भी गवाह था। उसने थोड़ा इंतजार किया और फिर ऊपर चट्टान का चक्कर लगाने की भी कोशिश की, जो कि उसका साथी नहीं कर सका था।

"वाटसन! मैंने इस बारे में बहुत देर तक नहीं सोचा, फिर मैंने ऊपर पहाड़ी पर उस कठोर चेहरेवाले को देखा। मैं समझ गया कि वह दूसरा पत्थर उठाने ही वाला था। मैं रास्ते पर रेंगता हुआ आगे बढ़ा। मुझे ऐसा नहीं लगा कि मैं यह कठिन काम होशो-हवास में कर रहा था। मेरे लिए उठ पाना काफी कठिन था, पर मेरे पास खतरे के बारे में सोचने का भी वक्त नहीं था कि तभी एक दूसरा पत्थर मेरे पीछे गिरा और मैं उस खाँचे को पकड़ किनारे की तरफ हाथों के बल लटक गया। आधी दूरी तक मैं फिसलता रहा, पर ईश्वर की कृपा से मैं रास्ते पर आ गया। मेरे शरीर से खून बह रहा था और मेरे कपड़े भी फट गए थे। मैं पहाड़ में करीब दस मील तक अँधेरे में भागता रहा और एक हफ्ते के बाद मैं इस विश्वास के साथ फ्लोरेंस पहुँचा कि दुनिया में अब कोई भी यह नहीं जान पाएगा कि मेरे साथ क्या हुआ था।

"मुझे केवल अपने भाई माइक्राफ्ट पर ही भरोसा था। प्रिय वाटसन, तुम मुझे माफ कर दो, परंतु यह जरूरी था कि दुनिया को पता चल जाए कि मैं मर गया हूँ। यह बात बिल्कुल ही तय थी कि यदि तुम यह न सोचते कि मेरी मौत की बात सच है, तब तुमने इतने यकीन से मेरी मौत के बारे में उस दुःखद अंत को न लिखा होता। पिछले तीन सालों में मैं हमेशा डरता था कि तुम मुझसे अपने लगाव की वजह से कुछ असावधानी न कर बैठो, जिससे

मेरी यह गोपनीयता भंग हो जाए। इसीलिए मैं आज शाम को भी तुमसे मिलकर वापस चला गया, जबकि तुमने मेरी किताबें गिरा दी थीं। मैं उस समय भी खतरे में था और तुम्हारी थोड़ी सी भी उत्सुकता मेरी पहचान पर लोगों का ध्यान खींच लेती, जिसका बहुत ही दुःखद और न सुधरनेवाला परिणाम सामने आता। जहाँ तक माइक्राफ्ट का सवाल है, मुझे उसे इसलिए बताना पड़ा कि जब भी मुझे जरूरत हो तो मैं उससे धन ले सकूँ। लंदन के हालात इस समय ठीक नहीं हैं और मारिआर्टी गिरोह के दो बहुत ही खतरनाक आदमी जेल जाने से अभी बचे हुए हैं। मुझसे बदला लेनेवाले मेरे दो दुश्मन भी आजाद हैं। मैं दो सालों तक तिब्बत में घूमता रहा और ल्हासा में आनंद लेते हुए मैंने कुछ दिन प्रमुख लामा के साथ बिताए। तुमने नॉर्वे के सिगरसन की असाधारण खोजों के बारे में पढ़ा, पर मुझे पक्का यकीन है कि तुमने अपने साथी की शायद ही कोई खबर पढ़ी होगी। इसके बाद मैं पर्शिया से होकर मक्का पहुँचा और थोड़ा ही, पर रोचक समय खलीफा के साथ खार्टोम में गुजारा, जिसका परिणाम यह हुआ कि मैंने विदेश कार्यालय में भी बात कर ली। फ्रांस के लिए वापस आते समय मैंने कुछ महीने कोलतार निकासी के अनुसंधान में भी बिताए और जिसका संचालन मैंने दक्षिण फ्रांस के मांटपेलियर की एक प्रयोगशाला में भी किया था। यह जानकर कि मेरा एक दुश्मन लंदन में है, मैं वापस जाने ही वाला था कि तभी पार्क लेन के इस खास रहस्य की खबर ने मुझे जल्दबाजी के लिए मजबूर कर दिया। इस खबर ने अपनी खासियत से मुझे लुभाया ही नहीं, बल्कि इसने मुझे कुछ खास निजी अवसरों के लिए भी आमंत्रित किया। मैं तुरंत ही लंदन आ गया और बैकर स्ट्रीट में मैंने अपने लोगों से संपर्क किया,

जिसमें मिसेज हडसन पर तो दौरा ही पड़ गया। माइक्राफ्ट ने मेरा कमरा और मेरे कागज बिल्कुल उसी हालत में रखे थे जैसे कि वे पहले रखे जाते थे। प्रिय वाटसन, देखो, आज ठीक दो बजे मैं अपने उसी पुरानी कुर्सी पर बैठा हूँ और केवल यही चाहता हूँ कि मैं अपने पुराने साथी वाटसन को दूसरी कुर्सी पर बैठा देखूँ, जिसकी वह अक्सर शोभा बढ़ाता है।"

यही वह अद्भुत विवेचना थी, जिसे मैंने अप्रैल की उस शाम को सुना था। यदि यह विवेचना उस लंबे, अलग तरह के शरीर, सजग व जिज्ञासु शक्लवाले व्यक्ति के द्वारा नहीं सुनाई जाती, जिसे मैंने सोचा भी नहीं था कि मैं फिर से देखूँगा, तब यह एक ऐसी विवेचना होती, जो कि मेरे लिए बिल्कुल ही अविश्वसनीय होती। होम्स के व्यवहार से यह मालूम पड़ता था कि उसने मेरी पीड़ा को समझ लिया था और उसकी करुणा शब्दों से अधिक उनके व्यवहार में झलक रही थी।

होम्स ने कहा, "वाटसन! काम ही दुःख की सबसे बड़ी औषधि है। और आज की रात हम दोनों के पास एक छोटा सा काम है। "जिसमें सफल होकर हमारा जीवन धन्य हो जाएगा।"

मैं कुछ समझ नहीं सका और मैंने उससे खुलकर बताने के लिए कहा।

होम्स ने कहा, "तुम सुबह से पहले काफी कुछ देख और सुन होगे। हमारे पास बातचीत करने के लिए अतीत के तीन साल हैं। साढ़े नौ बजने दो, तभी हम खाली मकान के रहस्य पर बातें शुरू करेंगे।"

जब मैंने खुद को घोड़ागाड़ी में उसके पीछे बैठा हुआ पाया,

मेरी रिवॉल्वर जेब में थी और दिल में उत्साह भरा हुआ था, तब यह समय वाकई उन पुराने दिनों की तरह ही लग रहा था। होम्स बिल्कुल शांत और स्थिर बैठे हुए थे। जैसे ही सड़क पर लगे खंभों की रोशनी उनके गंभीर चेहरे पर पड़ी, तभी मैंने देखा कि विचार में डूबे होने की वजह से उनकी भौंहें सिकुड़ गई हैं और उनके पतले होंठ भिंचे हुए हैं। मैं यह तो नहीं जानता था कि लंदन में अपराधियों के घने जंगल में हम किस जंगली जानवर का शिकार करनेवाले हैं, पर मुझे अपने शिकारी की स्थिति से इस बात का पक्का यकीन था कि मामला काफी गंभीर है। उनकी अर्थपूर्ण मुस्कराहट कभी-कभी उनके चेहरे पर हमारी खोज के लिए एक अच्छे शकुन की तरह दिखती थी।

मैंने सोचा कि हम बेकर स्ट्रीट जा रहे हैं, पर होम्स ने घोड़ागाड़ी कैवेंडिश स्क्वायर के कोने पर ही रोक दी। मैंने देखा कि जैसे ही वे उतरे, उन्होंने अपने दाहिने व बाईं ओर एक खोजी निगाह डाली और फिर पास की गलियों की तरफ भी देखा। उन्होंने यह जानने के लिए थोड़ी कोशिश भी की कि कोई उनका पीछा तो नहीं कर रहा है। हमारा रास्ता एकदम सुनसान था। लंदन के छोटे-छोटे रास्तों के बारे में होम्स की जानकारी अद्भुत थी और ऐसे मौके पर तो वे छोटे-छोटे घुड़सालों और अस्तबलों के जाल के बीच से होकर गुजर जाते थे, जिनकी मौजूदगी के बारे में मुझे कुछ भी पता नहीं था। हम अब एक पतली सी सड़क पर आ गए, जहाँ किनारे पुराने और बदरंग से घर कतार में बने हुए थे। यह रास्ता हमें मेनचेस्टर स्ट्रीट और फिर ब्लैंडफोर्ड स्ट्रीट की तरफ ले जाता था। यहीं पर वे एक सँकरे से रास्ते की तरफ मुड़े और हम खुले मैदान से होकर एक लकड़ी के मकान के भीतर

पहुँचे। यहाँ पहुँचकर उन्होंने चाभी से उस मकान के पीछे का दरवाजा खोला। हम मकान के भीतर साथ-साथ ही घुसे और घुसते ही होम्स ने दरवाजा बंद कर दिया।

यहाँ बहुत अँधेरा था, पर मुझे ऐसा लग रहा था कि यह मकान बिल्कुल ही खाली था। नंगे फर्श पर हमारे जूतों से चलने की आवाज आ रही थी और हमारे फैले हाथों ने तभी दीवार को छुआ, जिस पर कागज के फीते लटके हुए थे। होम्स की पतली और ठंडी उँगलियों ने मेरी कलाई को जकड़ रखा था। वह मुझे एक बड़े से हॉल की तरफ ले गया, जहाँ दरवाजे के ऊपर रोशनदान से आती धुँधली रोशनी दिखाई पड़ रही थी। ठीक यहीं पर होम्स अचानक दाहिनी तरफ मुड़ा और हम एक बड़े चौकोर कमरे में आ गए, जिसके कोनों में काफी अँधेरा था, पर दूर सड़क से आती धुँधली रोशनी बीच में पड़ रही थी। खिड़कियों पर मोटी धूल जमी हुई थी और वहाँ लैंप भी नहीं था। हम आपस में एक-दूसरे को उँगलियों के सहारे ही पहचान सकते थे। मेरे साथी ने अपना हाथ मेरे कंधे पर रखा और अपने होंठों को मेरे कान के पास ले आए और फुसफुसाते हुए बोले, "क्या तुम्हें पता है कि हम कहाँ हैं?"

उस धुँधली खिड़की की तरफ घूरते हुए मैंने कहा, "यह निश्चय ही बेकर स्ट्रीट ही है।"

"बिल्कुल ठीक! हम अपने पुराने क्वार्टर के ठीक सामने कैंडेन हाउस में हैं।"

"पर हम यहाँ क्यों हैं?"

"क्योंकि यहाँ से बहुत ही अच्छा दृश्य दिखाई पड़ता है।

प्रिय वाटसन, इस खिड़की के पास आओ, पर इस बात का ध्यान रखो कि तुम बाहर न दिखाई पड़ो। अब अपने पुराने कमरे की तरफ देखो, बिल्कुल परियों की कहानी की तरह लगेगा। हम देखेंगे कि तीन सालों की मेरी गैर-मौजूदगी ने मेरी तुमको चौंका देनेवाली शक्ति पूरी तरह से खो दी है क्या?"

मैं धीरे से आगे सरक आया और जैसे ही मेरी आँखें अपनी उस जानी-पहचानी खिड़की पर पड़ी, मैंने एक गहरी साँस ली और आश्चर्य से चीख पड़ा। खिड़की खुली हुई थी और कमरे में एक तेज रोशनी जल रही थी। खिड़की के परदे पर एक व्यक्ति की की परछाईं दिख रही थी, जो कि कुर्सी पर बैठा हुआ था। उसके सिर का संतुलन, कंधों की चौड़ाई और चेहरे के तीखेपन में कोई भी कमी नहीं थी। उसका चेहरा आधा झुका हुआ था, जिसका प्रभाव उस छाया पर पड़ रहा था। यह छाया ठीक वैसी ही थी, जैसी कि मेरे दादाजी फोटो फ्रेम में पसंद करते थे। यह हू-ब-हू होम्स था। मैं इतना आश्चर्यचकित था कि मैंने अपना हाथ अपने पीछे खड़े आदमी की तरफ बढ़ाकर अपना यकीन पक्का कर लिया। वे धीमे से हँसते हुए हिल रहे थे।

"देखा?"

मैंने जोर से कहा, "हे भगवान्! यह तो अद्भुत है।"

होम्स ने कहा, "मुझे यकीन है कि उम्र मुझे न तो बुढ़ा सकेगी और न ही मेरी अनंत विविधताओं की परंपरा को बासी होने देगी।"

मैंने उसकी आवाज में वही खुशी और गर्व महसूस किया, जो कि किसी कलाकार को अपनी रचना पर होता है।

"यह वाकई मेरी ही तरह है न?"

"मैं इस बात को कसम खाकर कह सकता था कि यह तुम ही हो।"

"इसे बनाने का श्रेय ग्रीनोबल के मौंसीयर ऑस्कर म्युनियर को जाता है, जिन्होंने इसको बनाने में अपने कुछ दिन लगाए थे। यह मूर्ति मोम की है। बाकी सबकुछ मैंने आज दोपहर में बेकर स्ट्रीट पहुँचकर किया है।"

"पर, क्यों?"

"क्योंकि, प्रिय वाटसन! हैं कि मैं यह चाहता हूँ, जब भी मैं यहाँ न रहूँ तब कुछ लोग यह सोचें कि मैं यहीं हूँ।"

"तुम्हें लगता है कि तुम्हारे घर पर निगरानी रखी जाती है?"

"मैं जानता था कि वे निगरानी रख रहे हैं।"

"कौन लोग?"

"मेरे पुराने दुश्मन, वाटसन! वही गिरोह, जिसका नेता रेंचबाख झरने में डूबकर मर गया था। तुम्हें याद होगा कि केवल वही लोग जानते थे कि मैं जिंदा बच गया हूँ। उनको यह विश्वास होगा कि मैं कभी-न-कभी अपने कमरे में वापस लौटूँगा। उन्होंने लगातार निगरानी रखी और आज सुबह उन्होंने मुझे आते हुए देखा था।"

"तुम्हें कैसे पता चला?"

"जब मैंने अपनी खिड़की से बाहर झाँका तब मुझे उनका संतरी दिखाई पड़ा, जिसे मैं पहचानता था। उसका नाम पार्कर

है, उसका पेशा गला घोंटना है और इस काम को वह तार से बखूबी अंजाम देता है। मुझे उसकी कोई परवाह नहीं है। मुझे अधिक डर उस भयानक आदमी से है जो कि इसके पीछे है। वह आदमी मोरिआर्टी का पक्का दोस्त है और यह वही आदमी है, जिसने ऊपर पहाड़ी से मुझ पर पत्थर बरसाए थे। यह आदमी लंदन का सबसे खतरनाक और चालाक अपराधी है। यही वह आदमी है, जो कि आज की रात मेरे पीछे पड़ा है, वाटसन। और यही वह आदमी है, जो कि इस बात से अनजान है कि हम उसके पीछे हैं।"

मेरे साथी की योजनाएँ अब धीरे-धीरे खुद ही खुलती जा रही थीं। इसी सुविधाजनक एकांत जगह से देखनेवाले देखे जा रहे थे और रास्ता चलनेवालों पर ध्यान रखा जा रहा था। उधर से आती हुई एक पतली सी छाया हमें लुभा रही थी और हम इसके शिकारी थे। हम अँधेरे में चुपचाप खड़े थे और जल्दी-जल्दी आती-जाती आकृति, जो कि हमारे सामने से कई बार गुजरी, उसे हम ध्यान से देख रहे थे। होम्स बिल्कुल ही शांत और स्थिर थे, पर मैं कह सकता हूँ कि वे बहुत ही सजग थे और उनकी आँखें हर आने-जाने वाले आदमी पर टिकी हुई थीं। आज की रात बहुत ही ठंडी थी और नीचे सड़क पर तेज हवा सीटी बजाती हुई बह रही थी। बहुत से लोग सड़क पर आ-जा रहे थे; उनमें से ज्यादातर ने कोट और गले में मफलर जैसी चीज पहन रखी थी। एक बार मुझे ऐसा लगा कि मैंने एक ही चेहरे को दो बार देखा है, खासतौर से उन दो आदमियों पर ध्यान दिया, जो कि हवा से बचने के लिए उस मकान के छोटे से बरामदे पर रुके थे। मैंने अपने साथी का ध्यान उन दोनों की ओर दिलाया, परंतु उसने बहुत ही कम अधीरता दिखाई और सड़क पर ध्यान से देखता

रहा। उन्होंने कई बार अपने पैर बदले और दीवाल पर अपनी उँगलियाँ तबले की तरह थपथपाईं। मुझे ऐसा लग रहा था कि वह अब बेचैन हो रहा था, क्योंकि उनकी योजना उसकी उम्मीद के अनुसार नहीं काम कर रही थी। धीमे-धीमे जब रात आधी बीत गई और सड़क पर लोग भी आने-जाने बंद हो गए तब वे कमरे में बेचैन होकर इधर-उधर टहलने लगे। मैं उन्हें कुछ कहने ही वाला था कि तभी मैंने उस रोशनी वाली खिड़की की तरफ देखा और मुझे बहुत ही आश्चर्य हुआ। मैंने होम्स की बाँहें पकड़ीं और उन्हें उस ओर देखने का इशारा किया।

मैंने जोर से कहा, "वह परछाईं वहाँ से हट गई है। वहाँ कोई आकृति नहीं दिखाई पड़ रही है, बल्कि उसका पीछे का हिस्सा हमारी तरफ हो गया है। पिछले तीन साल वाकई उनके स्वभाव की कठोरता को कम नहीं कर पाए या यह उनके खुद की तुलना में उनकी कम बुद्धिमानी वाली सक्रियता की ही अधीरता थी।"

होम्स बोले, "वाकई इसे हटा लिया गया है। वाटसन, मैं कितना बेवकूफ हूँ कि मैंने एक मूर्ति खड़ी कर दी और सोचा कि यूरोप के इतने खूँखार अपराधी इससे धोखा खा जाएँगे। हम इस कमरे में दो घंटे से हैं और मिसेज हडसन ने इस आकृति को आठ बार हटाया-बढ़ाया है, यानी हर चौथाई घंटे में एक बार। वह सामने से ऐसा करती रहीं, इसीलिए उनकी परछाईं नहीं पड़ी।"

होम्स ने एक ठंडी साँस खींची। अँधेरे कमरे की मद्धिम रोशनी में मैंने उनका सिर झुका हुआ देखा और उनकी पूरी मुद्रा में एक दृढ़ सजगता थी। बाहर सड़क बिल्कुल सुनसान थी। वे दोनों आदमी शायद अभी भी उस मकान के छोटे से बरामदे में

दुबके हुए थे, परंतु अब मैंने उनको नहीं देखा। चारों तरफ शांति और अँधेरा था, सामने के उस पीले परदे पर काली आकृति की छाया पड़ रही थी। तभी उस सुनसान चुप्पी में मैंने फुसफुसाने की महीन सी आवाज सुनी, जिसमें एक खास तरह की उत्तेजना थी। होम्स ने तुरंत ही मुझे कमरे के अँधेरे कोने की तरफ खींच लिया और मुझे चुप रहने की चेतावनी भी दी। उनकी जकड़ी हुई उँगलियों में एक कंपन था। हमारे सामने की सड़क बिल्कुल सुनसान थी।

तभी अचानक मुझे कुछ ऐसा एहसास हुआ, जिसको उसकी तेज समझ ने पहले ही भाँप लिया था। एक धीमी सी पर रहस्यमयी आवाज मेरे कानों में पड़ी। यह आवाज बेकर स्ट्रीट की तरफ से नहीं आ रही थी, बल्कि उसी मकान के पीछे से आ रही थी, जहाँ हम छिपे हुए थे। एक दरवाजा खुला और फिर बंद हो गया। अगले ही पल गलियारे में पैरों की आवाज सुनाई पड़ी और इसकी प्रतिध्वनि खाली मकान में गूँज रही थी। होम्स दीवाल के पास दुबक गए और मैंने भी वही किया। मेरा हाथ रिवॉल्वर की मूठ पर कस गया। उस अँधेरे में झाँकते हुए मैंने एक आदमी की धुँधली सी आकृति देखी, जो कि खुले हुए दरवाजे के अँधेरे से भी अधिक काली थी। वह आदमी एक पल के लिए रुका और फिर आगे की तरफ रेंगता हुआ, हमारे मन में एक डर सा पैदा करता हुआ आगे की ओर बढ़ा। वह मुझसे केवल तीन गज की ही दूरी पर था और इसे वहाँ पर मेरी मौजूदगी का अंदाज भी नहीं था। मैंने उससे खुद को टकराने से बचा लिया। वह बिल्कुल ही मेरे पास से गुजर गया और बिना आवाज किए ही उसने खिड़की का परदा आधा फुट ऊपर उठा दिया। जैसे ही वह उस खुली खिड़की के सामने बैठा

और बाहर सड़क से उस गंदे शीशे से होकर आती धुँधली रोशनी उसके चेहरे पर पड़ी, जो कि बहुत कम भी नहीं थी।

वह आदमी काफी उत्तेजित दिख रहा था। उसकी आँखें दो तारों की तरह चमक रही थीं और उसका जबड़ा भिंचा हुआ था। उसकी उम्र अच्छी-खासी थी, उसकी नाक पतली, माथा ऊँचा और सिर आगे से गंजा एवं अधपकी बड़ी-बड़ी मूँछें थीं। उसने अपना हैट पीछे की तरफ कर रखा था और खुले ओवरकोट से उसकी कमीज बाहर की तरफ झाँक रही थी। उसका चेहरा रूखा व कठोर था और इसमें कई जगह गहरे कटे निशान थे। उसके हाथ में एक छड़ी जैसी चीज दिख रही थी, परंतु जैसे ही उसने इसे जमीन पर रखा एक धातु के टकराने की आवाज आई। फिर उसने अपने ओवरकोट की जेब से एक बड़े आकार की चीज निकाली और उनको आपस में जोड़ने में व्यस्त हो गया। एक तेज क्लिक की आवाज के साथ उसने अपना काम खत्म किया, यह आवाज किसी स्प्रिंग या बोल्ट की अपनी जगह पर लगने जैसी थी। अभी भी वह आदमी जमीन पर ही झुका हुआ था और किसी लीवर जैसी चीज को खींच रहा था, जिसका परिणाम एक तेज चरखी की आवाज जैसा था, यह भी एक शक्तिशाली क्लिक पर ही खत्म हुई। अब वह खड़ा हो गया और मैंने देखा कि उसके हाथ में एक राइफल जैसी चीज थी, जिसका हत्था अजीब सा था। इसने इसकी नाल को बीच में से खोलकर इसमें कुछ डाला और फिर बंद कर दिया। उसने अपनी राइफल की नाल खुली खिड़की से बाहर की ओर कर दी और मैंने देखा कि उसकी लंबी मूँछें इस पर झुकी हुई हैं। उसकी चमकती आँखें बाहर की तरफ देख रही थीं। जैसे ही मैंने उसके कंधे पर राइफल की बट

को टिके देखा, मैंने राहत की साँस ली। जब उसकी निगाह के अंतिम हिस्से पर मेरी निगाह पड़ी तो मैंने उस चकित कर देनेवाले लक्ष्य को देखा, जो कि पीली पृष्ठभूमि पर एक काली आकृति थी। एक पल के लिए वह आदमी बिल्कुल स्थिर हो गया और उसकी उँगली राइफल के ट्रिगर पर कस गई। तभी सनसनाती हुई तेज, देर तक और अजीब सी आवाज के साथ चमकीला शीशा टूटने की आवाज आई। ठीक उसी समय होम्स उस आदमी की पीठ पर चीते की तरह झपटे और उसे चेहरे के बल जमीन पर गिरा दिया। वह आदमी अगले ही पल उठा और उसने अपनी पूरी ताकत के साथ होम्स का गला पकड़ लिया, पर उसी समय मैंने अपने रिवॉल्वर की मूठ से उसके सिर पर चोट की और वह फिर से जमीन पर गिर पड़ा। मैं भी उस पर झपट पड़ा, तभी मेरे साथी ने एक तेज सीटी बजाई, जिसे सुनते ही कुछ दौड़ते हुए कदमों की आवाज और सामने दो वरदीधारी पुलिस के जवान आते दिखे। जिनके पास सादे कपड़ों में एक जासूस भी था। ये सभी सामने के दरवाजे से होते हुए कमरे में घुसे थे।

होम्स ने कहा, "अरे लेस्ट्रेड तुम?"

"जी हाँ, मि. होम्स! मैंने इस काम को अपने हाथ में ले लिया था। आपको फिर से लंदन में देखकर बहुत खुशी हो रही है।"

"मेरे खयाल से तुम्हें थोड़ी गैर-सरकारी सहायता की जरूरत है। पिछले एक साल में हुई तीन-तीन हत्याएँ, जिनका अपराधी नहीं मिला, क्या ये यह नहीं दिखाती हैं? किंतु तुमने मौलसे रहस्य को लग सकनेवाले समय से पहले ही पता लगा लिया था, इसीलिए मैं कहता हूँ कि तुमने बहुत ही अच्छा काम किया।"

हम सभी खड़े थे और हमारा कैदी, जिसे उन कांस्टेबिलों ने दोनों तरफ से पकड़ रखा था, वह लंबी-लंबी साँसें ले रहा था। सड़क पर पहले से ही कुछ लोग इकट्ठे होने शुरू हो गए थे। होम्स खिड़की की तरफ आगे बढ़े और इसे बंद करके इसका परदा गिरा दिया। लेस्ट्रेड ने दो मोमबत्तियाँ जला दीं और पुलिसवालों ने अपनी लालटेनों के भी ढक्कन हटा दिए थे। मैं अब अपने कैदी का चेहरा ठीक से देख सकता था।

इस आदमी की शक्ल बहुत ही मरदानी और क्रूर थी, इसने मुड़कर हमारी तरफ देखा। एक दार्शनिक की तरह उसकी भौंहें और भोग-विलास वाले उसके जबड़े से पता चलता था कि उस आदमी में अच्छे और बुरे दोनों ही कामों को करने की पूरी क्षमता थी। प्रकृति के साधारण-खतरनाक चिह्नों को पढ़े बिना कोई भी उसकी सनकी पलकों से ढकी क्रूर नीली आँखों, खूँखार चेहरे, आक्रामक और डराने वाली नाक एवं घनी भौंहों को नहीं देख सकता था। उसने हममें से किसी पर भी ध्यान नहीं दिया, पर उसकी आँखें होम्स के चेहरे पर गड़ी हुई थीं, जिसमें घृणा और आश्चर्य दोनों का ही मिश्रण था।

वह बुदबुदा रहा था, "तुम बहुत धूर्त हो।"

होम्स ने उसके मुड़े-तुड़े कॉलर को ठीक करते हुए कहा, "ओह, कर्नल! प्रेमियों के मिल जाने से यात्राएँ खत्म हो जाती हैं। पुराने नाटक ऐसा ही कहते हैं। मुझे नहीं लग रहा है कि तुम्हें देखकर मुझे खुशी महसूस हो रही है, हालाँकि राइखेनबाख के झरने के ऊपर जब मैं लेटा था, तब तुमने मुझ पर ध्यान देने की मेहरबानी की थी।"

कर्नल अभी भी मेरे साथी को एकटक घूरता हुआ बोला, "तुम बहुत धूर्त हो।"

होम्स ने कहा, "मैंने अभी तक तुम्हारा इससे परिचय नहीं कराया है, यह आदमी कर्नल सेवेस्टियन मोरान है और किसी समय यह इंडियन आर्मी में था। हमारी ईस्टर्न एंपायर का यह एक बेहतरीन निशानेबाज रह चुका है। कर्नल, मैं सही कह रहा हूँ कि चीतों के शिकार में तुम्हारा कोई सानी नहीं है।"

होम्स फिर बोले, "मेरी साधारण सी योजना ने इतने पुराने शिकारी को धोखा दे दिया। तुम्हें इसका अंदाज होना चाहिए था। क्या तुमने चीते के शिकार के लिए बछड़ा पेड़ में नहीं बाँधा है और तुमने अपनी राइफल के साथ पेड़ पर बैठकर इंतजार भी किया होगा। यह खाली मकान मेरा पेड़ है और तुम मेरे चीते। कई चीते होने की संभावना की वजह से तुमने अपने पास और भी बंदूकें रखी होंगी या तुम्हारा निशाना चूकने पर वे काम आतीं।"

उसने दूसरी तरफ इशारा करते हुए कहा, "ये हैं मेरी दूसरी बंदूकें, जो कि ठीक वैसी ही थीं।"

फिर गुस्से से गुर्राता हुआ आगे की ओर झपट पड़ा, पर तभी दोनों पुलिस वालों ने उसे पकड़कर पीछे की ओर ढकेल दिया। उसके चेहरे पर भयानक गुस्सा दिख रहा था।

होम्स ने कहा, "मैं मानता हूँ कि तुमने भी मुझे थोड़ा आश्चर्य में डाल दिया था। मैंने यह नहीं सोचा था कि तुम भी इस काम के लिए इसी खिड़की का इस्तेमाल करोगे। मैंने सोचा था कि तुम सड़क से ही अपने काम को अंजाम दोगे। इसीलिए मेरे साथी लेस्ट्रेड और उसके सहयोगी वहीं तुम्हारा इंतजार कर रहे थे। मेरी

वह सारी तैयारी बेकार चली गई।"

कर्नल मोरान ने उस सरकारी जासूस की तरफ मुड़ते हुए कहा, "तुम्हारे पास मुझे गिरफ्तार करने की वजह हो सकती है और नहीं भी, पर इस आदमी का ताना सुनने की मेरे पास कोई वजह नहीं है, अगर मैं कानून के हाथ में हूँ तो कानून को अपने ढंग से काम करने दो।"

लेस्ट्रेड ने कहा, "यह बात सही है, अब हमारे यहाँ से जाने तक आप कुछ भी नहीं कहेंगे।"

होम्स ने वह शक्तिशाली एयरगन जमीन से उठा ली और इसके काम करने के तरीके को ध्यान से देखने लगे, फिर बोले, "यह बहुत ही बेहतरीन हथियार है। इसमें आवाज भी नहीं होती है और इसकी मारक क्षमता भी अच्छी है। मैं जानता हूँ कि इसे उस प्रोफेसर मोरिआर्टी ने अंधे जर्मन मिस्त्री से ऑर्डर देकर बनवाया था। मैं इसके बारे में वर्षों से जानता था, हालाँकि इसे परखने का अवसर मुझे पहले कभी नहीं मिला। लेस्ट्रेड, मैं इसमें लगनेवाली गोली पर भी तुम्हारा ध्यान आकर्षित करना चाहूँगा।"

लेस्ट्रेड ने कहा, "आप इसकी देखभाल के लिए मुझपर भरोसा कर सकते हैं।"

सभी लोगों के दरवाजे की ओर चलने के साथ ही वह फिर से बोला,"आप कुछ और भी कहना चाहते हैं?"

"केवल यह पूछना चाहता हूँ कि इस पर कौन सा अभियोग लगाओगे?"

"कौन सा आरोप सर? इसने शेरलॉक होम्स की हत्या का प्रयास किया है।"

"ऐसा नहीं है, लेस्ट्रेड, मैं इस मामले में आना नहीं चाहता। इसका सारा श्रेय तुम्हें जाता है। हाँ, लेस्ट्रेड! मैं तुम्हें बधाई देता हूँ। इसमें तुमने अपनी चालाकी और साहस दोनों का इस्तेमाल किए और इसे पकड़ लिया।"

"किसे? किसे मि. होम्स?"

"यही वह आदमी है, जिसने पुलिस की सारी कोशिशें बेकार कर दी थीं—यह आदमी कर्नल सेबेस्टियन मोरान है, जिसने माननीय रोनाल्ड एडेयर की हत्या इसी एयरगन से 427, पार्क लेन के सामनेवाली खुली खिड़की से पिछले महीने की तेरह तारीख को की थी। यही इसका अभियोग है, लेस्ट्रेड।"

"वाटसन, अगर तुम उस टूटी हुई खिड़की से कुछ पाना चाहते हो तो मेरे पढ़ने वाले कमरे में आधे घंटे के लिए मेरे साथ एक सिगार पीते हुए तुम कुछ अच्छी जानकारियाँ प्राप्त कर सकते हो।"

हमारे पुराने कमरे माइक्राफ्ट होम्स और मिसेज हडसन की देखरेख में बिल्कुल पहले की ही तरह थे। जैसे ही मैं कमरे में घुसा, मैंने देखा कि वहाँ एक अप्रत्याशित व्यवस्था थी, परंतु पुराने निशान अपनी ही जगह पर मौजूद थे। मेज पर एसिड के धब्बे पड़े हुए थे। वहाँ आलमारी में बेकार और संदर्भ ढूँढ़ने वाली किताबों के ढेर लगे थे, जिनमें से बहुत सी किताबों को तो एक आम नागरिक जला देना ही पसंद करेगा। चित्र, वायलिन का डब्बा, पाइप रखने का आला, यहाँ तक कि पर्शियन चप्पलें,

जिनमें तंबाकू भी पड़ी थी, मेरी आँखों के सामने थीं। इस कमरे में दो लोगों का दखल पहले से ही था—एक तो मिसेज हडसन, जिन्होंने हमें घुसते ही ऊपर से नीचे तक देखा और दूसरी वह मूरती, जिसने रात के रोमांच में एक अहम भूमिका अदा की थी। यह मूर्ति रंगीन मोम की थी और इसकी शक्ल मेरे साथी की बिल्कुल हू-ब-हू थी। इसे एक छोटी सी टेबल पर रखा गया था और इसपर होम्स का एक गाऊन भी पड़ा था, ताकि सड़क से इसे उनके होने का भ्रम पैदा किया जा सके।

होम्स ने कहा, "मिसेज हडसन! मुझे उम्मीद है कि आपने उन सभी सावधानियों पर एक नजर डाल ली होगी।"

"सर, जैसा आपने बताया था, मैं अपने घुटनों के बल ही गई थी।"

"बहुत बढ़िया। तुमने सारा काम बहुत ही अच्छे ढंग से किया था। क्या तुमने देखा कि वह गोली कहाँ गई?"

"हाँ, सर! पर मुझे डर है कि इसने आपकी खूबसूरत मूर्ति को तो बरबाद कर दिया होगा, क्योंकि वह इसके सिर को छेदते हुए दीवाल से टकराकर गिर पड़ी। मैंने उसे कालीन से उठा लिया था, यह रही!"

होम्स ने इसे लेकर मुझे दे दिया और बोले, "वाटसन, तुम समझ ही रहे हो कि यह एक रिवॉल्वर की छोटी सी गोली है। कोई बहुत बुद्धिमान् व्यक्ति ही होगा, जो यह समझेगा कि यह गोली एयरगन से निकली है। ठीक है, मिसेज हडसन, आपके सहयोग का मैं बहुत ही आभारी हूँ। वाटसन, चलो, अब अपनी पुरानी जगह पर बैठते हैं, क्योंकि कई ऐसे विषय हैं, जिन पर मैं तुमसे

बात करना चाहता हूँ।"

होम्स ने अपना फरवाला फ्रॉककोट उतार दिया और उस पुतले से अपना वही पुराना ड्रेसिंग गाऊन उठाकर पहन लिया। जब होम्स ने अपने पुतले का टूटा हुआ माथा देखा तो हँसते हुए बोला, "पुराने शिकारी दिमाग ने न तो अपना संतुलन खोया है और न ही अपनी आँखों का पैनापन।"

"मस्तिष्क को छेदती हुई सिर के पिछले भाग के ठीक बीच में इसने चोट पहुँचाई है। वह आदमी भारत का बेहतरीन शिकारी था और मुझे उम्मीद है कि लंदन में भी कुछ ही ऐसे बेहतर निशानेबाज होंगे। क्या तुमने इसका नाम सुना है?"

"नहीं, मैंने नहीं सुना है।"

"वह बहुत ही मशहूर है, पर जहाँ तक मुझे याद है, तुमने प्रोफेसर जेम्स मोरिआर्टी का भी नाम नहीं सुना होगा, जो कि इस शताब्दी का बहुत ही तेज दिमागवाला व्यक्ति था। आलमारी से उठाकर जीवनियों की सूची मुझे दे दो।"

वे अपनी कुरसी पर बैठकर हवा में सिगार के बादल उड़ाते हुए आराम से इसके पन्ने पलटते रहे।

वे बोले, 'मोरिआर्टी से मेरा संग्रह काफी अच्छा है।'

"मोरिआर्टी अपने आप में ही काफी विख्यात है और यहाँ है जहरखुरान मोरगन, और यह है बुरी स्मृतिवाला मेरिड्यु और अब मैथ्यु, जिसने चारिंग क्रॉस के वेटिंग रूम में मेरा बायाँ कोनेवाला दाँत तोड़ दिया था। अब आया हमारा आज की रातवाला दोस्त।"

होम्स ने किताब मुझे दे दी और मैंने इसे जोर से पढ़ा—

कर्नल मोरान सेबेस्टियन, बेरोजगार। पहले प्रथम बैंगलोर पाइनियर्स में था। पैदाइश लंदन, सन् 1840। पुत्र—सर अगस्टस मोरान, सी.बी. पर्शिया के भूतपूर्व मिनिस्टर। शिक्षा—आक्सफोर्ड और इटान। सेवाएँ—जोबाकी कैंपेन,अफगान कैंपेन, चारासियाब, शेरपुर और काबुल। लेखक—हेवी गेम ऑफ द वेस्टर्न हिमालयाज (1881); थ्री मंथ्स इन द जंगल (1884)। पता—कानड्युट स्ट्रीट। क्लब—द एंग्लो इंडियन, टैंकर विली, द बैगाटेल कार्ड क्लब।

इसके हाशिए पर होम्स ने लिखा था—लंदन का दूसरा बेहद खतरनाक आदमी।

किताब को वापस सौंपते हुए मैंने कहा, "यह आदमी एक सम्मानित सैनिक रहा है।"

होम्स ने जवाब दिया, "यह सच है। एक हद तक इसने कई अच्छे काम किए हैं। यह बहुत ही साहसी आदमी था, इसकी कहानी अभी भी भारत में सुनाई जाती है कि शेर के आधे खाए हुए घायल आदमी के पीछे कैसे यह नाले में रेंगकर उतर गया था। वाटसन, कुछ पेड़ ऐसे होते हैं, जो एक खास ऊँचाई तक बढ़ते हैं और फिर उनमें अचानक कुछ विचित्रता सी विकसित हो जाती है। यह चीज तुम आदमियों में भी अक्सर ही देखोगे। मैंने इसे एक सिद्धांत के रूप में भी महसूस किया है कि व्यक्ति के विकास में उसके पूर्वजों का बड़ा हाथ होता है और उसके जीवन में अचानक अच्छे या बुरे मोड़ इसलिए आते हैं, क्योंकि इन पर उसकी वंश-परंपरा का प्रभाव पड़ता है। व्यक्ति के अपने परिवार का निचोड़ जैसा होता है, व्यक्ति वैसा ही बनता है।"

"यह कल्पना भी हो सकती है।"

"खैर, मैं इस बात पर जोर नहीं दे रहा हूँ। चाहे जो भी कारण हो, कर्नल मोरान गलत आदमी बनना शुरू हो गया था। किसी खुली बदनामी के न होने पर भी भारत में उसका रुकना मुश्किल हो गया था। वह वहाँ सेवामुक्त हो गया और लंदन वापस आ गया, फिर बुराई में उसने अपना नाम रोशन कर लिया। यही वह समय था, जब उसे प्रोफेसर मारिआर्टी ने पसंद कर लिया और उसे अपने आदमियों का मुखिया भी बना दिया। मोरिआर्टी ने उसे खुले हाथों से धन दिया और वह उससे एक या दो ऊँचे दरजे का काम लेता था, जो कि उसके साधारण अपराधी नहीं कर पाते थे। तुम्हें सन् 1887 की वह घटना शायद याद हो, जिसमें लाडेर की मिसेज स्टेवर्ड की हत्या हुई थी। नहीं? खैर, मुझे यकीन है कि इसमें भी मोरान का ही हाथ था, पर कुछ भी सिद्ध नहीं किया जा सका। कितनी चालाकी से कर्नल को छुपा दिया गया था, यहाँ तक कि जब मोरिआर्टी का गिरोह तोड़ भी दिया गया था, तब भी हम उसे अपराधी सिद्ध नहीं कर पाए थे। तुम्हें शायद वह तारीख याद होगी, जब तुमने कमरे में पूछा था कि एयरगन के डर से मुझे दरवाजों को कैसे बंद रखना चाहिए? इसमें कोई शक नहीं है कि इसे तुमने मेरी कल्पना ही समझा था। मैं अच्छी तरह से जानता था कि मैं क्या कर रहा हूँ, क्योंकि मैं इस असाधारण गन के बारे में जानता था और मुझे यह भी पता था कि इसके पीछे दुनिया का एक बेहतरीन निशानेबाज है। जब हम स्विट्जरलैंड में थे, तब इसने मारिआर्टी के साथ हमारा पीछा किया था और यही वह आदमी था, जिसने मुझे राइजेनबाख के कगार पर वे खतरनाक पाँच मिनट दिए थे।

"तुम सोच सकते हो कि अपने फ्रांस के प्रवास के दौरान मैंने अखबार कितने ध्यान से पढ़ा, ताकि मैं उससे बच सकूँ। जब तक वह लंदन में आजाद घूम रहा था, मेरी जिंदगी हमेशा खतरे में थी। रात हो या दिन, उसकी काली छाया हमेशा मेरे ऊपर मँडराती थी और आखिरकार उसे मौका मिल ही गया। मैं क्या कर सकता था? मैं उसे देखते ही गोली नहीं मार सकता था, नहीं तो मैं कठघरे में होता। मजिस्ट्रेट से इस बारे में कहने में भी कोई फायदा नहीं था। वे केवल खतरनाक संदेह पर दखल नहीं दे सकते थे। इसीलिए मैं कुछ भी नहीं कर सका। किंतु मैंने अखबार की खबरों को यह जानते हुए देखता था कि कभी-न-कभी मैं उसे पकड़ ही लूँगा। तभी रोनाल्ड एडेयर की हत्या की खबर आई। आखिरकार मेरा मौका आ ही गया। मैंने जो किया, इससे क्या यह नहीं पता चलता था कि कर्नल मोरान ने ही यह काम किया है। उसने उस युवक के साथ ताश खेले और क्लब से उसके घर तक पीछा करके उसकी खुली खिड़की से उसे गोली मार दी। इसमें अब कोई संदेह नहीं है। वे गोलियाँ ही उसके गले का फंदा बन चुकी हैं। मैं जैसे ही यहाँ पहुँचा, मुझे उसके संतरी ने देख लिया और मेरे अनुसार, उसने तुरंत ही कर्नल को मेरी मौजूदगी के बारे में सूचित कर दिया होगा। उसने मेरी वापसी को इस अपराध से जोड़ने में देरी नहीं की और इसके लिए वह खूँखार तरीके से तैयार हो गया। मुझे पक्का यकीन था कि वह मुझे अपने रास्ते से हटाने की कोशिश करेगा और इसके लिए वह अपने खतरनाक हथियार का भी इस्तेमाल करेगा। मैंने उसके लिए खिड़की में एक बढ़िया लक्ष्य भी रख छोड़ा था, साथ-ही-साथ मैंने पुलिस को भी बता दिया था कि उनकी जरूरत पड़ सकती है, और वाटसन! तुमने

उनकी मौजूदगी दरवाजे पर बिल्कुल सही समय पर देखी भी थी। मैंने न्यायिक सबूत के लिए इसका इस्तेमाल किया था, पर मैंने सपने में भी नहीं सोचा था कि वह अपने आक्रमण के लिए वही जगह चुनेगा। वाटसन, क्या अभी भी बताने के लिए कुछ बचा रह गया है?"

मैंने कहा, "हाँ, आपने अभी तक यह नहीं स्पष्ट किया कि माननीय रोनाल्ड एडेयर की हत्या के पीछे कर्नल का मकसद क्या था?"

"ओह, प्रिय वाटसन! जहाँ अधिकतर तार्किक दिमाग असफल होते हैं, वहाँ हम अनुमान का इस्तेमाल करते हैं। मौजूदा सबूतों के ऊपर हर कोई अपनी धारणा बनाता है और आपकी धारणा मेरी ही तरह सही भी हो सकती है।"

"तब, आप क्या कोई धारणा बना चुके हैं?"

"मेरे खयाल से वास्तविकता को बताना कठिन नहीं है। कर्नल मोरान और उस युवक एडेयर के बीच सबूतों से यह पता चला कि उन्होंने काफी अधिक धन जीता था। इसमें कोई शक नहीं है कि मोरान ने बेईमानी की थी वैसे इस बात को मैं बहुत पहले से ही जानता था। मुझे यकीन है कि एडेयर को हत्यावाले दिन ही यह पता चल गया था कि मोरान बेईमानी कर रहा है। संभव है कि उसने मोरान से अकेले में बात भी की होगी और उसकी पोल खोल देने की धमकी भी दी होगी। यह भी कहा होगा कि वह क्लब को अपना त्याग-पत्र दे दे और आगे से ताश न खेलने की कसम भी खा ले। इसमें कोई शक नहीं था कि एडेयर के जैसा युवक तुरंत ही एक जाने-माने अपनी से बड़ी उम्र के

आदमी की पोल खोलकर उसकी घोर बदनामी कर देता। शायद उसने वैसा ही किया, जैसा कि मैं बता चुका हूँ। क्लब से निकाले जाने पर मोरान बरबाद हो जाता, क्योंकि उसे ताश की बेईमानी के खेल से फायदा होता था। इसीलिए उसने एडेयर की हत्या उसी समय कर दी, जब वह इसका हिसाब लगा रहा था कि उसे खुद कितना धन वापस करना है, क्योंकि उसके साथी ने बेईमानी की थी। उसने अपना दरवाजा इसलिए बंद कर लिया था कि घर की औरतें वहाँ अचानक न आ जाएँ और यह जानने की कोशिश न करने लगें कि वह इन नामों और सिक्कों को लेकर क्या कर रहा है? अब तो जो होना था, सो हो गया।"

"मुझे इसमें कोई शक नहीं है कि आपने सच्चाई को ढूँढ़ निकाला।"

"अब यह अदालत में तय होगा या नहीं होगा। चाहे जो भी हो, पर इस बीच कर्नल मोरान हमारे लिए परेशानी का कारण नहीं बनेगा। वान हर्डर की वह मशहूर एयरगन अब स्कॉटलैंड यार्ड के संग्रहालय की शोभा बढ़ाएगी।"

शेरलॉक होम्स अब अपनी जिंदगी को फिर से उन रोचक छोटी-छोटी समस्याओं की छानबीन में लगाने के लिए आजाद था, जिसका अवसर लंदन का जटिल जीवन उसे विपुल मात्रा में देता रहता था।

चितकबरे बैंड का रहस्य

मेरे मित्र शेरलॉक होम्स की कार्य शैली के बारे में लगभग सत्तर पृष्ठ के नोट्स जो मैंने पिछले आठ वर्षों में तैयार किये थे, पर नज़र डालते हुए मैंने पाया कि उनमें कुछ दुखांत, कुछ हास्यास्पद और अजनबियों के मामले मैंने यह भी पाया कि शेरलॉक होम्स अपनी पेशेवराना प्यास बुझाने के लिए काम करते थे न कि धन के लिए। उन्होंने कई ऐसे मामलों को, जो नीरस या अत्यंत सीधे-सादे थे, को हाथ में लेने से मना कर दिया था। तरह-तरह के मामलों में मुझे याद नहीं पड़ता कि 'सरे' के स्टोक मोरोन के रोयलोटट्स परिवार के मामले के सिवाय किसी अन्य मामले में एक ही तरह की खासियतें सामने आई हों। कथित मामला उन दिनों का है जब होम्स और मेरे बीच नयी-नयी पहचान हुई थी और हम दोनों ही अविवाहित थे और बेकार स्ट्रीट में एक ही मकान में साझेदार थे। संभव है कि मैंने अभिलेख में उन घटनाओं को पहले से ही लिख रखा हो परन्तु उनके रहस्य को गुप्त रखने का समझौता अवश्य था, जिससे मुझे निजात पिछले महीने ही उस महिला की असामयिक मृत्यु हो जाने पर मिली,

जिससे यह समझौता किया गया था। मुझे लगा कि सचाई अब सामने आ ही जाना चाहिए, इसका कारण भी शायद यह रहा हो कि डाक्टर ग्रिम्सबाई रोयलोटट् की मृत्यु के बारे में जो अफवाहें फैलाई जाने लगीं थीं उनसे यह मामला और अधिक भयानक रूप से उलझ सा गया था।

सन 83 के अप्रैल के शुरुआती दिन थे जब एक दिन मैं सो कर उठा ही था कि मैंने पाया कि शेरलॉक होम्स अपने कपड़े पहन कर मेरे बिस्तर के पास बिल्कुल तैयार खड़े हैं। वैसे वे सामान्यतः देर से जागने वाले व्यक्तियों में से थे। जैसे ही मेरी मानसिक घड़ी ने संकेत किया कि अभी तो सवा सात ही बजे हैं, मैंने आश्चर्य से उनकी तरफ आँखें झपकाईं और शायद थोड़ी नाराजगी भी दिखाई क्योंकि मैं अपनी आदतों का पाबन्द था।

"खेद है वाटसन कि आज मैंने तुम्हें जल्दी जगा दिया परन्तु आज बात ही कुछ ऐसी है। मिसेज हडसन जाग चुकीं हैं और उन्होंने मुझे जगा दिया और मैंने तुम्हें।" होम्स ने कहा।

"क्या हो गया, क्या आग लग गई है?"

"नहीं, एक मुवक्कल। मुझे लगता है एक महिला बड़े ही उतावलेपन में आई है और मुझसे मिलाना चाहती है, और वह बैठक में इंतज़ार कर रही है। अब जब एक महिला, महानगर में अल सुबह भटकती हुई सोते हुए लोगों को जगा रही है तो अवश्य ही कोई आवश्यक बात बताना चाह रही होगी। पता नहीं तुम्हें क्या लगता है, पर मुझे यकीन है कि अवश्य ही यह कोई दिलचस्प मामला है और मैं इसे शुरूआत से समझना चाहूँगा। मैंने सोचा कि हर हाल में तुम्हे बुलाना चाहिए और एक मौक़ा देना चाहिए।"

"प्रिय मित्र मैं यह मौक़ा बिल्कुल भी गंवाना नहीं चाहूँगा।"

मुझे होम्स की पेशेवराना जांचों में अंतर्ज्ञान जैसी त्वरित व सटीक कार्यावाहियों, जो सदैव एक तार्किक आधार पर समस्याओं के समाधानों व उनके रहस्यों को खोलने में प्रयुक्त चतुराइयों पर आधारित होती थीं, जानने से ज्यादा मज़ा किसी चीज में नहीं आता था। मैंने जल्दी से कपड़े पहने और होम्स के साथ बैठक में जाने के लिए तत्पर हो गया। जैसे ही हम लोग बैठक में पहुँचे , एक महिला जो अपने आप को काले लबादे से ढके हुए खिड़की के पास बैठी थी, उठकर खड़ी हो गई।

"महोदया! नमस्कार" होम्स ने प्रसन्न मुद्रा में कहा, "मेरा नाम शेरलॉक होम्स है और यह मेरे अन्तरंग मित्र व सहायक हैं मिस्टर वाटसन, और आप इनके सामने उसी तरह से खुल कर बात कर सकती हैं जैसे कि मेरे सामने। मुझे प्रसन्नता है कि मिसेज हड्सन को रोशनी व आग के वारे में अच्छी समझ है। कृपया आप इधर भट्टी की तरफ आ जायें, क्योंकि मैं देख रहा हूँ कि आप ठण्ड से काँप रही हैं, लिहाज़ा मैं आपके लिए एक कप काफी मंगवाता हूँ।"

"मैं ठण्ड से नहीं काँप रही हूँ," कहे अनुसार उस महिला ने अपनी जगह बदलते हुए धीमी आवाज़ में कहा।

"फिर क्या बात है?"

"इसकी वजह मेरा भय है, मिस्टर होम्स, यह आतंक है," महिला ने अपना लबादा हटाते हुए कहा। और हम देख सकते थे कि महिला की हालत वास्तव में दयनीय थी, उसका चेहरा उतारा हुआ और सफ़ेद पड़ चुका था और उसकी आँखें घायल पक्षी

शिकार की तरह थकी-थकी महसूस हो रही थीं। उसके नैन-नक्श एक तीस साल की महिला होने की गवाही दे रहे थे परन्तु उसके बाल समय से पूर्व ही सफ़ेद हो चुके थे एवं उसके हावभाव एक थके हुए इंसान के जैसे थे। शेरलॉक होम्स ने उस महिला के ऊपर एक सम्पूर्ण व त्वरित नज़र डाली।

"आपको भयभीत नहीं होना चाहिए," होम्स ने आगे की ओर झुकते हुए और महिला की कोहनी को थपथपाते हुए सांत्वना भरे शब्दों में कहा, "मुझे कोई संदेह नहीं कि हम लोग आपकी आप की परेशानी दूर कर देंगे। मुझे लगता है कि आप आज सुबह ही रेलगाड़ी से आई हैं?"

"इसका मतलब है कि आप मुझे जानते हैं।"

"नहीं, लेकिन मैंने आपके बाएं हाथ के दस्ताने में वापसी यात्रा के टिकट का आधा हिस्सा देख लिया है। आपको स्टेशन पहुँचने के लिए बहुत पहले चलना पड़ा होगा, वह भी कुत्ता-गाड़ी में भीड़ भरे इलाकों से।"

उस महिला ने शुरुआत आक्रामकता के साथ की पर अब घबरा कर मेरे मित्र को देखा।

"यह कोई रहस्य नहीं है, प्रिय महोदया!" होम्स ने हँसते हुए कहा," आपके जैकिट की बाईं बांह पर कम से कम सात जगह कीचड़ के छोटे-छोटे निशान पड़े हुए हैं जो बिल्कुल ताज़े हैं। कुत्ता गाड़ी के अलावा और कोई दूसरा वाहन नहीं है जो कीचड़ उछलता हो और वह भी जब आप चालक के बाईं ओर बैठी होंगी।"

महिला ने कहा, "भले ही आपने अनुमान लगाया हो परन्तु आप बिल्कुल ठीक का रहे हैं।" मैं घर से छह बजे से पहले ही चल पड़ी थी और लेदरहेड स्टेशन पर बीस बजे के बाद पहुंची और वाटरलू पहली रेलगाड़ी से आई हूँ। श्रीमान मैं यह दबाव और अधिक सहन नहीं कर सकती और यदि हालात ऐसे ही चलते रहे तो मैं पागल हो जाऊँगी । मेरा कोई भी नहीं है जिसका मैं भरोसा कर पाऊं। मैंने आपके बारे में सूना है, मिस्टर होम्स, मुझे आपके बारे में मिसेज फारिन्तोस से पता चला है, जिनकी आपने मुश्किल घड़ी में मदद की थी। आपका पता भी मुझे उनसे ही मिला है। आह! श्रीमान क्या आपको नहीं लगता है कि आप मेरी भी मदद कर सकते है और मेरे अँधेरे जीवन में थोड़ी सी रोशनी बिखेर सकेंगे। फिलहाल तो मेरे बूते के बहार की बात है कि मैं आपकी सेवाओं के बदले कुछ भी दे सकूँ, परन्तु महीने-डेढ़ महीने में मेरी शादी हो जयेगी तब मेरी कमाई होना शुरू हो जाएगी तब आप पायेंगे कि मैं कृतघ्न नहीं हूँ।"

होम्स मुड़े और अपनी डेस्क तक गए जिसमें से उन्होंने केसबुक निकाली।

"फारिन्तोस उन्होंने कहा," जी हाँ, मुझे मामला याद आ गया, यह एक दूधिया पत्थर के मुकुट का मामला था। वाटसन मुझे लगता है यह मामला आपके मुझसे जुड़ने से पहले का था। महोदया! मैं इतना ही कह सकता हूँ कि मैं आपके मामले में भी उतनी ही तत्परता दिखाऊँगा जितनी कि आप केमित्र के मामले में दिखाई थी। जहाँ तक मेरी फीस देने का मामला है तो बता दूँ कि मेरा पेशा ही मेरी फीस है। पर आप अपने आप को स्वतंत्र समझें और जब भी आपसे बन पड़े मेरे द्वारा बताये गए खर्चे को

अदा कर सकती हैं। अब मैं आपसे निवेदन करता हूँ कि आप हमें वह सब कुछ बताएं जिससे हम लोग इस मामले में कुछ राय बना सकें।"

"काश!," आगंतुक महिला ने कहा, "मेरी इस भयावह स्थिति की वजह हैं मेरे अस्पष्ट और छोटे-छोटे बिन्दुओं पर आधारित संदेह जिनका वर्णन यदि किसी के सामने किया जाए तो उसे वे निराधार व तुच्छ महसूस हों, यहाँ तक कि जिससे मुझे मदद माँगने व सलाह लेने का हक़ है, उसे भी लगता है कि यह सब मात्र एक घबराई हुई महिला की कल्पनाएँ हैं। हालांकि वह ऐसा कुछ भी कहता नहीं है फिर भी मैं उसके सांत्वना भरे जवाब व फिरी हुई आँखों से पढ़ सकती हूँ। मिस्टर होम्स मैंने सुना है कि आप दुराचारी मनुष्य के दिल के अन्दर गहरे तक झाँकने में सक्षम हैं। कृपया मुझे बताएं कि उन खतरों के बीच, जो मुझे घेरे रहते हैं मैं बेफिक्र होकर रह सकूँ।"

"मैं सुन रहा हूँ महोदया।"

"मेरा नाम हेलेन स्टोनर है और मैं अपने सौतेले पिता] जो पश्चमी सरे के स्टोक मोरोन के रोयलोटट्स के सबसे प्राचीन सेक्सन परिवार के अंतिम वारिश हैं, के साथ रहती हूँ।"

होम्स ने सहमति में सर हिलाया और कहा "मैं इस परिवार को जानता हूँ।"

"एक समय यह परिवार इंग्लॅण्ड के सबसे धनी परिवारों में एक था और जिसका साम्राज्य उत्तर में बर्कशायर और पश्चिम में हेम्पशायर तक फैला हुआ था। परन्तु अंतिम सदी में एक के बाद एक चार पीढ़ियों वाले उत्तराधिकारी आवारा और अपव्ययी

निकले। राजप्रतिनिधित्व काल के समय में एक जुआरी ने सब कुछ नष्ट कर डाला। सिवाय कुछ एकड़ ज़मीन और दो सौ साल पुरानी हवेली और वह भी कर्ज के बदले गिरवी राखी हुई है, कुछ नहीं बचा। उस परिवार का अंतिम जागीरदार किसी तरह बच तो गया परन्तु उसने भिखारियों का भयानक जीवन जिया परन्तु उसका इकलौता पुत्र यानि कि मेरा सौतेला पिता प्रयास कर रहा है कि वह इन नयी परिस्थितियों के अनुरूप ढल सके, इसके लिए उसने एक रिश्तेदार से अग्रिम कर्ज भी लिया जिससे वह अपनी मेडिकल की डिग्री हासिल कर सका और कलकत्ता चला गया। जहाँ उसने अपनी पेशेगत वुद्धि और चारित्रिक विशेषता के बल पर अपनी प्रैक्टिस जमा ली। परन्तु घर में कुछ चोरियों की वजह से गुस्से में आ कर अपने रसोइये की हत्या कर दी और जैसे-तैसे मृत्युदंड से खुद को बचाया परन्तु एक लम्बी अवधि के लिए उसे जेल जाना पड़ा, जिसके बाद वह चिड़चिड़ा व निराश आदमी बन कर इंग्लेंड लौट आया।"

जब डॉक्टर रोयलोटट् हिन्दुस्तान में थे उन्होंने मेरी माँ मिसेज स्टोनर, जो बंगाल तोपखाने के मेजर जनरल स्टोनर की जवान विधवा से शादी कर ली। मेरी बहन जूलिया और मैं जुड़वां बहिने थीं और जब मेरी माँ की दूसरी शादी मिस्टर रोयलोटट् से हुई हम दोनों दो साल के थे। मेरी माँ की आमदनी लगभग 1000 पौंड सालाना थी, जिसकी वसीयत मेरी माँ ने डॉक्टर रोयलोटट् के नाम उस समय कर दी थी जब हम एक साथ ही रहा करते थे, और वह इस शर्त के साथ कि हम दोनों की शादी होने पर उसमें से एक ख़ास रकम हम दोनों को दी जाये। हम लोगों के इंग्लैंड लौटने के कुछ दिनों बाद ही मेरी माँ की मृत्यु क्रवे के पास आठ साल पहले एक रेल दुर्घटना में हो गई थी। तब डाक्टर रोयलोटट्

ने अपनी मेडिकल प्रैक्टिस स्थापित करने की सोच स्थगित कर दी और हम दोनों को लेकर स्टोक मारोन के अपने पैतृक घर में आ कर रहने लग गए। जो धन मेरी माँ छोड़ कर गई थी वह हम लोगों की खुशहाल जिंदगी के लिए काफी था।"

"परन्तु इस समय मेरे सौतेले पिता में भयानक परिवर्तन आया। दोस्त बनाने और उन पड़ोसियों के जिन्होंने कि स्टोक मोरान के रोयलोटट् के वापिस घर आने पर खुशियाँ मनाई थीं से बात करने के उलट उन्होंने अपने आप को घर में बंद कर लिया और उन लोगों से झगड़ा करते जो उनके रास्ते में आता। मारकाट और झगड़ा एक अनुवांशिक रोग की तरह होता है जो मेरे सौतेले पिता को भी था, और मैं मानती हूँ कि यह लक्षण उनमे एक लम्बे अरसे तक उष्णकटिबंधीय इलाके में रहने की वजह से और अधिक बढ़ गई थी। कई बार नीचता की हद तक झगड़े हुए जिनमें से दो में तो मामला पुलिस और अदालत तक पहुँच गया और उसके बाद तो वह आतंक का पर्याय बन गए और लोग इनसे दूर भागने लगे, कारण कि वे एक मजबूत और गुस्से पर काबू न रखने वाले व्यक्ति थे।"

"पिछले हफ्ते तो उन्होंने एक लोहार को मुंडेर से बहती हुई धारा में फेंक दिया और यह राज़ जनता में न खुल जाये इसके लिए वह सारा धन जो एकत्रित किया था उसे गंवाना पड़ा। उनका सिवाय कुछ जिप्सियों (खानाबदोशों) के जिनको कि वे कटीली झाड़ियों से ढकी कुछ एकड़ पैतृक जमीन में रहने देते हैं और बदले में उनकी कनातों में रहने और उनके साथ सप्ताहांत घूमने का आतिथ्य पाते रहते हैं, अन्य कोई भी मित्र नहीं है। उनको उन भारतीय जानवरों से अत्यधिक प्रेम है जिन्हें मिस एक दूत ने

उनके साथ भेजा था और इस समय उनके पास एक चीता और एक लंगूर हैं जो उनके उस मैदान में स्वच्छंदता ए साथ घूमते हैं जिसकी वजह से गाँव के लोग उनके मालिक से भी भय खाते हैं।"

"आप समझ सकते हैं कि मेरी बहन जूलिया और मेरी जिंदगी में किसी भी तरह की कोई खुशी नहीं बची है। हमारे घर कोई नौकर नहीं ठहरता और घर का सारा काम हम दोनों बहिनों को करना पड़ रहा है। मेरी बहन जब मरी तब तीस साल की थी फिर भी उसके बाल सफ़ेद होने लगे थे जैसे कि मेरे होने लगे हैं।"

"क्या आपकी बहन मर चुकी है?"

"वह केवल दो वर्ष पूर्व ही मरी है और उसकी मौत ही आपसे बात करने की वजह है। जिस जिंदगी को मैं जी रही थी और जिसका जिक्र मैंने आपसे किया है, आप समझ सकते हैं कि हम दोनों ही अपनी ही उम्र और स्थिति वाले किसी दूसरे की खोज में थे। हालांकि मेरी एक मौसी भी है जो मेरी माँ की इकलौती बहन है मिस होनोरिया वेस्ट फाइल, जो होरो के पास रहती हैं और कभी-कभी हम दोनों बहिनों को थोड़ी देर के लिए उनके घर जाने की इजाजत मिल जाती थी। दो वर्ष पूर्व क्रिसमस पर जूलिया उनके घर गई थी जहाँ उसने आधे वेतन पर समुद्री जहाज पर काम करने वाले मेजर से सगाई कर ली। मेरे सौतेले पिता को इस सगाई का पता चल गया परन्तु जब जूलिया घर लौटी तो उन्होंने इस पर कोई आपत्ति नहीं जताई, लेकिन एक पखवाड़े बाद जब शादी की तिथि नियत थी उस दिन वह भयानक दुर्घटना घटी जिसने मेरी एक मात्र सहेली मुझसे छीन ली।"

शेरलॉक होम्स अपनी कुर्सी से पुष्ट लगाये हुए थे, उनकी आँखें बन्द थीं और उनका सर कुर्सी की गद्दी में पूरी तरह धंसा

हुआ था। परन्तु अब उन्होंने अपनी आँखें आधी खोलीं और आगंतुक को घूरा और कहा "कृपया स्पष्ट रूप से पूरी बात बताएँ।"

"यह तो मेरे लिए आसान है क्योंकि उस भयानक समय की प्रत्येक घटना मेरे मनो-मस्तिष्क में पैबस्त हो चुकी है। जैसा कि मैंने पहले ही कहा है कि वह पुश्तैनी घर बहुत पुराना है और उसके केवल एक ही हिस्से में हम लोग रहते हैं। इसमें शयन कक्ष केवल भूतल पर ही हैं जिसमें बैठक मध्य खंड में, पहला शयन कक्ष डाक्टर रोयलोटट् का, दूसरा मेरी बहन का और तीसरा मेरा अपना है। इनके बीच कोई आवाजाही का रास्ता नहीं है परन्तु वे सब एक ही गलियारे में खुलते हैं। क्या मैंने स्पष्ट वर्णन किया है?"

"बिल्कुल ठीक से।"

तीनों कमरों की खिड़कियाँ लान की तरह खुलती हैं। उस घातक रात को डॉक्टर रोयलोटट् अपने कमरे में जल्दी चले गए थे, हालाँकि हम दोनों जानते थे कि वे अभी सोये नहीं होंगे जिसकी वजह थी मेरी बहन को आई कड़क भारतीय सिगार की बदबू, जिसकी उन्हें आदत थी। इसलिए उसने अपना कमरा छोड़ दिया था और मेरे कमरे में आ गई थी जहाँ अपनी शादी की चर्चा करते हुए थोड़ी देर बैठी। लगभग ग्यारह बजे वह जाने के लिए उठ खड़ी हुई परन्तु दरवाजे पर वह ठिठकी और मुड़कर देखा।"

"हेलेन! क्या तुमने कभी रात में किसी के सीटी बजाने की आवाज सुनी है?" उसने कहा।

"कभी नहीं।"

" मैं मानती हूँ कि संभवतः तुम सोते हुए सीटी नहीं बजा सकती।"

"निश्चित रूप से नहीं, पर क्यों?"

"क्योंकि कुछ रातों से लगभग तीन बजे प्रातः मुझे धीमी पर साफ़ सीटी की आवाज सुनाई देती है। मैं ज़रा कच्ची नींद सोती हूँ और सीटी की आवाज मुझे जगा देती है। मैं नहीं बता सकती कि यह कहाँ से आती है, शायद अगले कमरे से या फिर लान से। मैंने सोचा कि तुमसे पूछूं कि क्या सीटी की आवाज तुमने सुनी है।"

"नहीं मैंने नहीं सुनी है। हो सकता है यह उन गरीब जिप्सियों के बगीचे से आती हो।"

"संभव है। पर यदि यह लान से आती है तो आश्चर्य है कि इसे तुमने नहीं सुना।"

"हाँ, पर मैं तुमसे अधिक गहरी नींद सोती हूँ"।

"ठीक है, यह किसी भी लिहाज़ से महत्वपूर्ण बात नहीं है।" "वह मेरी तरफ मुस्कराई, मेरे कमरे का दरवाजा बंद किया और कुछ क्षणों के बाद मैंने सुना कि उसने अपने कमरे के ताले में चाभी घुमाई।"

"वास्तव में," होम्स ने कहा, "क्या यह आप लोगों का रोज का काम था की रात में अपने कमरों को अन्दर से तालित करके ही सोती थीं?"

"हमेशा।"

"और वह क्यों?"

मुझे लगता है कि मैंने आपको बताया था कि डॉक्टर के पास एक चीता और एक लंगूर है, अतः यदि हम अपने कमरे को बंद नहीं करते थे तो सुरक्षित महसूस नहीं कर पाते थे।"

"समझ सकता हूँ। ठीक है, आगे बताएँ। "

"उस रात मैं सो न सकी। आने वाले दुर्भाग्य की एक अज्ञात सोच ने मुझे घेर रखा था। आपको याद होगा कि हम दोनों जुड़वां बहनें थीं, और जो बंधन इतना मजबूत और दीर्घकालीन होता है आत्माएं भी ज्यादा नज़दीक होती हैं। यह एक डरावनी रात थी। बाहर हवा का तेज शोर हो रहा था और तेज बरसात खिड़कियों पर छप-छप की आवाज कर रही थी। यकायक हवा के इतने शोरगुल के बीच मुझे किसी अत्यधिक भयभीत महिला की चीख सुनाई दी। मुझे मालूम था कि यह मेरी बहन की आवाज थी। मैं अपने बिस्तर से उछल कर कूद पड़ी और अपने चारों ओर एक दुशाला लपेट कर गलियारे की तरफ भागी। जैसे ही मैंने अपने कमरे का दरवाजा खोला मुझे ठीक वैसी ही सीटी की आवाज सुनाई दी जैसी कि मेरी बहन ने मुझे बताई थी और कुछ क्षणों के बाद एक दूसरी आवाज सुनाई दी, ऐसा लगा मानो कोई धातु का टुकड़ा गिरा हो। जब मैं गलियारा पार कर रही थी मेरी बहन का कमरा खुला था और उसका कब्ज़ा टूटा हुआ था। बिना यह जाने कि वास्तव में मामला क्या है, इस भयावह मंजर को देखा। गलियारे की बत्ती की रोशनी में मैंने अपनी बहन को दरवाजे के पास देखा, भय से उसका चेहरा रक्तहीन हो चुका था, उसके हाथ मदद के लिए उठे रहे थे, उसका सारा शरीर शराबी की तरह से हिल-डुल रहा था। मैं उसकी ओर दौड़ी और मैंने उसे

अपनी बाहों में भर लिया परन्तु उसके घुटनों ने जवाब दे दिया और वह फर्श पर गिर गई। उसका चेहरा इतना विकृत हो चुका था मानो वह अत्यंत भयानक दर्द में हो और उसके सारे अंगों में बुरी तरह मरोड़ आ चुकी थी। पहले मैंने सोचा शायद उसने मुझे पहचाना नहीं परन्तु जैसे ही मैं उसके ऊपर झुकी यकायक वह ऐसी आवाज में चीखी जिसे मैं कभी भूल नहीं सकती। हे मेरे ईश्वर! यह एक पट्टी थी चितकबरी पट्टी। वहाँ ऐसा कुछ जरूर था जो वह खुश होकर कहना चाह रही हो। उसने अपनी उंगली हवा में घोंपते हुए डॉक्टर के कमरे की तरफ इशारा किया परन्तु एक और मरोड़ ने उसे बेदम कर दिया और उसकी आवाज छीन ली। मैं बहार की ओर दौड़ी और अपने सौतेले पिता को जोर से आवाज लगाई। वे अपने सोते समय पहने हुए गाउन में ही जल्दी-जल्दी अपने कमरे से निकले, जब वह मुझसे मिले। वह मेरी बहन की बगल में आये और यद्यपि वह बेहोश थी फिर भी उसके गले में ब्रांडी उड़ेल दी और उसे चिकित्सकीय सहायता के लिए गाँव भेज दिया। सारे प्रयास विफल गए और वह डूबती गई और बिना होश में आये ही मर गई। ऐसा दुखद अंत हुआ मेरी प्यारी बहन का।"

"एक क्षण रुकिए ज़रा," होम्स ने कहा, "क्या आप इस सीटी की आवाज और धातु के टुकड़े के गिरने की आवाज के बारे में निश्चित रूप से कह सकती हैं, क्या इसके लिए आप शपथ ले सकती हैं?"

"यही तो काउंटी के जांच अधिकारी ने भी मुझसे जाँच के समय पूछा था। मेरा दृढ़ विश्वास है कि मैंने इन्हें सुना था फिर भी संभव है कि तूफ़ान की तेज आवाज और पुरानी इमारत के चरमराने की आवाज के बीच मुझे कुछ धोखा हो गया हो।"

"क्या आपकी बहन कपड़े पहने हुए थी?"

"नहीं, वह अपनी रात्रिकालीन पोषक में थी और उसके दायें हाथ में माचिस की सुलगी हुई तीली और बाएं हाथ में माचिस का डिब्बा था।"

"लगता है कि अपनी सुरक्षा के लिए उसने रोशनी जलाई होगी जब उसके साथ यह दुर्घटना घटी होगी। यह महत्वपूर्ण है। हाँ तो वह जांचकर्ता किस निष्कर्ष पर पहुंचा था?"

"उसने जांच पूरी सतर्कता से की थी परन्तु डाक्टर रोयलोटट् के बुरे बर्ताव की वजह से वह मृत्यु के कारण पर किसी भी निष्कर्ष पर नहीं पहुँच पाया। मेरे सुबूत बताते हैं कि दरवाजे को अन्दर की ओर से मजबूती से बंद किया था और खिड़कियों और पुराने फ़ैशन के दरवाज़ो को लोहे की चौड़ी छड़ से रोका गया था। दीवारों को बजा कर देखा गया तो पता चला कि वे काफी मजबूत हैं, फर्श का निरीक्षण भी पूरी तरह से किया गया था और पाया गया कि वह भी काफी ठोस व मजबूत है। चिमनी चौड़ी है परन्तु चार बड़े स्टेपल्स से बंद है। यह निश्चित है कि जब मेरी बहन कि मृत्यु हुई वह अकेली ही थी, साथ ही उसके शरीर पर आक्रमण के कोई निशान न थे।"

"जहर के बारे में आपका क्या कहना है?"

"डॉक्टरों ने इसकी भी जाँच की थी परन्तु जहर के लक्षण भी नहीं पाए गए।"

"आप क्या मानती हैं कि यह अभागिन महिला कैसे मरी?"

"मेरा यह विशवास है कि वह केवल भय व घबराहट की वजह से मरी, पर उसके इस भय व घबराहट का क्या कारण था मैं नहीं कह सकती।"

"क्या उस समय बगीचे में जिप्सी लोग थे?"

"हाँ, वहाँ तो लगभग हर समय कोई न कोई जिप्सी रहता ही है।"

"ओह! और उस पट्टी, चितकबरी पट्टी के बारे में आपका क्या मानना है?"

"कभी-कभी मैं सोचती हूँ कि यह सब एक विक्षिप्त आदमी की व्यर्थ की बातें हैं, कभी यह कि इनका सम्बन्ध किन्ही लोगों के झुण्ड से है, शायद इन जिप्सियों से। मुझे नहीं पता कि जो चितकबरे रूमाल इनमें से ज्यादातर जिप्सी अपने सिरों पर बांधते हैं, क्या उसने इन्ही की ओर इशारा किया था।"

होम्स ने असंतुष्टि की झलक दिखाते हुए अपने सर को झटका दिया।

"यह मामला अत्यंत गंभीर है, आप अपनी बात जारी रखें।" होम्स ने कहा।

"तब से दो वर्ष गुजर गए हैं और मैं पहले की अपेक्षा मैं और अधिक अकेला महसूस करने लगी हूँ। एक माह पूर्व मेरे एक प्रिय मित्र ने जिसे मैं एक लम्बे अरसे से जानती हूँ, शादी के लिए मेरा हाथ माँगा। उसका नाम है-'आर्मिटेज' 'पर्सी आर्मिटेज' जो रीडिंग के पास क्रेन वाटर के रहने वाले मिस्टर 'आर्मिटेज का दूसरा बेटा है। हम दोनों की शादी को लेकर मेरे सौतेले पिटा ने

कोई विरोध नहीं जताया, और हम दोनों वसंत में शादी करने जा रहे हैं। दो दिन पहले इमारत के पश्चिमी भाग के मरम्मत का काम शुरू हुआ है और मेरे शयनकक्ष की दीवारों में छेद कर दिया गया है जिससे मैं उस कक्ष में आसानी से जा सकूँ जिसमें मेरी बहन मरी थी और मैं उस बिस्तर पर सो सकूँ जिस पर वह सोती थी। आप अंदाज़ लगाएं मेरे भय का, जब पिछली रात मैं जागते हुए अपनी बहन के भयावह अंत के बारे में सोच रही थी कि यकायक मैंने रात के सन्नाटे में धीमी सीटी की आवाज सुनी जो कि मेरी बहन की मौत की सूचना देने वाली साबित हुई। मैं उछल पड़ी और बत्ती जलाई परन्तु कमरे में कुछ भी दिखाई न दिया। मैं पुनः डर के मारे बिस्तर पर न जा सकी अतः मैंने कपड़े पहने और जैसे ही सुबह हुई तो विपरीत दिशा में है कुत्ता गाड़ी पकड़ कर लेदरहेड स्टेशन और वहाँ से आज प्रातः आपसे मिलाने आ पहुँची जिससे आपकी सलाह ले सकूँ।"

"आपने बुद्धिमत्ता का परिचय दिया है," मेरे मित्र ने कहा, "परन्तु क्या आपने मुझे सब कुछ बता दिया है?"

"हाँ, सब कुछ।"

"मिस रोयलोटट्, आपने सब कुछ नहीं बताया है। आप अपने सौतेले पिता को बचाने का प्रयास कर रही हैं।"

"क्यों, आपका मतलब क्या है?"

जवाब देने की बजाय होम्स ने उसके उस हाथ के ऊपर से किनारीदार काली झालर हटा दी जो उसके घुटनों पर रखा हुआ था। उँगलियों और अंगूठे के, नीलापन लिए पांच निशान उसकी गोरी कलाई पर छपे हुए थे। "आपके साथ दरिंदगी से पेश आया गया है।" होम्स ने कहा।

उस महिला का रंग फीका पड़ गया एवं उसने जख्मी हाथ को फिर से ढक लिया। "वह एक कठोर व्यक्ति है" उसने कहा, "उसे अपनी ताकत का भान भी नहीं है।"

कुछ समय तक एक लम्बी खामोशी छाई रही, जिसके दौरान होम्स अपनी ठुड्डी को हथेलियों पर रखे हुए भट्टी में चटखते हुए अंगारों को घूरते रहे।

"यह एक गंभीर मामला है", उसने कहा, "इससे पहले कि कि हम अपना अगला कदम निश्चित करें, हज़ारों ऐसी बातें हैं जिन्हें मैं जानना चाहूँगा। फिर भी हम थोड़ा भी वक्त बर्बाद नहीं कर सकते। यदि हम आज ही स्टोक मोरान पहुँच जाएँ तो क्या यह संभव हो पायेगा कि हम वे कमरे आपके सौतेले पिता की जानकारी में आए बिना देख सकते हैं?"

"जैसा कि उसने बताया था वह कुछ ख़ास काम से आज शहर जाने वाला था और संभव है की सारा दिन बाहर ही रहे तब आपको वहाँ कोई नहीं रोकेगा। अभी हम लोगों की एक गृहप्रबंधक है जो बूढ़ी व बेवकूफ है और मैं उसे आराम से आपके रास्ते से दूर रख सकूंगी।"

"अति उत्तम, वाटसन! आपको तो इस यात्रा से कोई आपत्ति नहीं है?"

"किसी भी तरह नहीं।"

"तो हम दोनों जायेंगे, आपको कुछ करना चाहते है?"

"मुझे एक दो काम शहर में ही करने हैं लेकिन मैं बारह बजे की गाड़ी से लौट आऊंगा, जिससे आपके निकलने के समय तक आ सकूँ।"

"और आप हम लोगों के दोपहर तक वहाँ पहुँचने की आशा कर सकती हैं। मुझे भी कुछ आवश्यक काम निबटाने हैं। क्या आप नाश्ते का इंतिज़ार नहीं करेंगी?"

"नहीं मुझे जाना चाहिए। मेरा दिल हल्का हो गया है क्योंकि मैंने अपनी कठिनाइयों को आपके हवाले कर दिया है। मैं इस दोपहर तक आप दोनों से पुनः मिलने की प्रतीक्षा करूंगी।" उसने अपना काला मोटा नकाब अपने चहरे पर डाला और कमरे से बाहर निकल गई।

अपनी कुर्सी की पुष्ट से टिकते हुए शेरलॉक होम्स ने पूछा, "वाटसन! आप क्या सोचते हैं इस मामले में?"

"मुझे तो यह बहुत ही उलझा हुआ एवं डरावना प्रतीत होता है।"

"जी हाँ, अत्यंत उलझा हुआ और डरावना।"

"यदि यह महिला ठीक कह रही है कि उस इमारत की दीवारें व फ़र्श काफी मजबूत हैं तथा दरवाजों, खिड़कियों और चिमनी के रास्ते अन्दर आना असंभव है, तो यह मानना पड़ेगा कि जब उसकी बहन की मृत्यु हुई वह बिना किसी संदेह के उस कमरे में अकेली ही रही होगी।"

"फिर उन रात्रिकालीन सीटियों के क्या मायने हो सकते हैं?"

"मैं नहीं सोच पा रहा।"

"रात्रिकालीन सीटियाँ, और उन जिप्सियों की पट्टी, जिनके साथ डॉक्टर की अंतरंगता है, आदि विचारों को जब आप एक साथ जोड़ कर देखेंगे तो पाएंगे कि हमारे पास यह सोचने के पर्याप्त कारण हैं कि डॉक्टर अपनी सौतेली बेटियों को शादी से

रोकना चाहता होगा। मरने वाली का उस पट्टी की ओर संकेत और अंत में मिस हेलेन स्टोनर का धातु के टुकड़े की आवाज सुनना जो शायद उन धातु की छड़ों में से एक है जो शटर को अपनी जगह व्यवस्थित होने से रोकती है, के द्वारा हुई होगी मानना, आदि , मुझे लगता है कि हमारे पास यह सोचने का कि इस गुत्थी को इन्हीं अधरों पर सुलझाया जा सकता है, पर्याप्त आधार हैं।"

"परन्तु फिर क्या यह सब इन जिप्सियों ने किया?"

"मैं नहीं मानता।"

"इस तरह के सिद्धांतों में कई विरोधाभास नज़र आते हैं मुझे।"

"और मुझे भी।" हम लोग आज ही स्टोक मोरान जा रहे हैं। मैं देखना चाहता हूँ क्या विरोधाभास मजबूत हैं या फिर उनको समझाया जा सकता है। परन्तु उस राक्षस के बारे में क्या सोचा जाये?"

मेरे साथी की बातों से हम कुछ निर्णय कर पाते कि झटके से दरवाज़ खुल गया और उसमें से एक भारीभरकम व्यक्ति नमूदार हुआ। उसकी पोशाक एक पेशेवर और किसान की पोशाक का मिश्रण थी, उसके सर पर काला टाप-हैट था, एक लम्बा फ्राकनुमा कोट और सलवार नुमा पायजामा पहन रखा था और उसके हाथ में शिकारी चाबुक झूल रही थी। वह इतना लम्बा था कि उसका हैट दरवाजे के क्रासबार को छू गया था। वह चौड़ा-चकला और उसका चेहरा लम्बोतरा व हज़ारों झुर्रियों से भरा व धूप से जला पीला व हर तरह की बुरी लतों वाला था।

वह हम दोनों को बारी-बारी से घूर रहा था। उसकी अन्दर की ओर घुसी हुई छोटी आँखें, ऊंची,पतली ओर मास रहित नाक ऐसे जान पड़ती थी जैसे एक भट्टी में भुनी हुई हो।

"तुम दोनों में से होम्स कौन है?" उस विचित्र आदमी ने पूछा।

"मेरा नाम होम्स है श्रीमान, परन्तु आप मुझसे क्या चाहते है?" मेरे साथी ने कहा।

"मैं स्टोक मोरान से डाक्टर ग्रिम्स्बाई रोयलोटट् हूँ।"

"डाक्टर!" होम्स ने नीरसता के साथ कहा, "कृपया बैठ जाइये।"

"मैं बैठूँगा नहीं। मेरी सौतेली पुत्री यहाँ आई थी। मैंने उसे यहाँ आते हुए देखा था। वह आपसे क्या कह रही थी?"

"यह साल का थोड़ा ठंडा समय है," होम्स ने कहा।

बुड्ढा जोर से चीखते हुए बोला "वह क्या कह रही थी?"

"परन्तु मैंने सुना है कि क्रोकस का पौधा बहुत कुछ कहता है।" मेरे साथी ने बिना वाधित होते हुए कहा।

"अच्छा तुम मुझे बहला रहे हो।" आगंतुक ने एक कदम आगे बढ़ते हुए अपनी शिकारी चाबुक को लहराते हुए कहा, "मैं तुम्हें जानता हूँ, बदमाश। मैंने तुम्हारे बारे में पहले से ही सुन रखा है। तुम हर किसी के मामले में टांग अड़ाने वाले होम्स हो।"

मेरा मित्र मुस्कराया।

"दखलंदाज़ होम्स।"

उसकी मुस्कराहट और बढ़ गई।

"स्कॉटलैंड यार्ड्स के ऑफ़िस में उछल कूद करने वाला होम्स।"

होम्स मन ही मन मुस्कराया। "आपकी बातचीत खासा मजेदार है," उसने कहा, "जब आप बाहर जाएँ तो दरवाजा बंद कर दें, हमें बिल्कुल एकांत चाहिए।"

"मैं तभी जाऊँगा जब अपनी बात पूरी कर लूँ। तुम मेरे मामलों में दखलंदाज़ी करने की हिमाकत मत करना। मुझे पता है कि मिस स्टोनर यहाँ आई थीं। मैंने उन्हें देखा था। मैं एक खतरनाक इंसान हूँ और किसी भी हद तक जा सकता हूँ। यह देखो", और वह आगे बढ़ा, उसने लोहे का पोकर उठाया और अपने बड़े-बड़े भूरे हाथों से उसे टेढा कर दिया।

"देखो! तुम अपने आप को मेरी पकड़ से दूर ही रखना", वह गुर्राया और उसने टेढ़े किये हुए पोकर को भट्टी में डाल दिया और लम्बे-लम्बे डग भरता हुआ कमरे से बहार निकल गया।

"वह बहुत मिलनसार आदमी लगता है," होम्स ने हँसते हुए कहा," हालांकि मैं उतना भारीभरकम नहीं हूँ फिर भी यदि वह रुकता तो मैं उसे बताता कि मेरी पकड़ भी उससे कमजोर नहीं है।" जब वह यह बात कह रहे थे तब उन्होंने वह लोहे का पोकर उठाया और थोड़े से ही प्रयास से उसे सीधा कर दिया।

"सोचो वह मुझे एक सरकारी जासूस सिद्ध करने की अभद्र कोशिश कर रहा है। इस घटना से हमारी खोज को बल मिलेगा, फिर भी मैं आशा करता हूँ कि हमारी बेचारी दोस्त अपनी बेवकूफ़ी से किसी मुसीबत में नहीं फंसेगी। और अब वाटसन!

हम नाश्ता मंगवाएंगे और उसके बाद मैं डॉक्टर कोमंस के पास जाऊँगा जहाँ से कुछ जानकारियाँ मिल सकती हैं जो इस मामले में हमारी मदद कर सकें।"

लगभग एक बजा होगा जब शेरलॉक होम्स सैर से लौटे। उनके हाथ में नीले कागज की एक शीट थी जिस पर कई सूचनाएं व चित्र थे। "मैंने मरने वाले की पत्नी की वसीयत देखी।" उन्होंने कहा। इसका यथार्थ अर्थ समझने के लिए सम्बंधित निवेश की वर्तमान कीमत आंकने में मदद मिली, जो पत्नी की मृत्यु के समय 1100 पौंड से थोड़ा कम थी और अभी कृषि उत्पादों की कीमत में आई गिरावट की वजह से 750 पौंड रह गई है, और यदि शादी होती है तो प्रत्येक पुत्री को मात्र 250 पौंड ही मिलते अतः यदि दोनों पुत्रियाँ शादी कर लेतीं तो इस खूबसूरत महिला को ज़रा सा ही हिस्सा मिलता, जबकि उन दोनों में से एक भी इस बुड्ढे को आर्थिक रूप से अपंग बना कर रख देती। मेरी सुबह की सैर व्यर्थ नहीं गई, चूंकि यह सिद्ध हो चुका है कि उसके कुछ भारी स्वार्थ इस बात में निहित हैं कि कोई भी उसके रास्ते का रोड़ा न बने। और अब वाटसन ज्यादा आराम खतरनाक हो सकता है, ख़ास तौर से जब कि उस बुड्ढे को पता चल चुका है कि उसके इस मामले में हम लोग रूचि ले रहे हैं अतः यदि तुम तैयार हो तो हम एक कैब बुलवाएँ और वाटरलू के लिए रवाना हो जाएँ। तुम अपनी रिवाल्वर अपनी जेब में डाल लो।

हमारा सौभाग्य ही था कि वाटरलू में लेदरहेड के लिए तुरंत रेल मिल गई, जहाँ पर हमने एक गाड़ी किराए पर ली और सरे की सुन्दर सड़क पर चार-पांच किलोमीटर की यात्रा की। यह एक खुशनुमा दिन था, सूर्य तेजी से चमक रहा था और आसमान में रुई जैसे बादल भी थे। सड़क के किनारे लगे बाड़ और पेड़

हरियाली का सुन्दर नज़ारा पेश कर रहे थे, और हवा में गीली मिट्टी की सौंधी खुशबू बिखरी हुई थी। मेरे लिए एक अजीब सा विरोधाभास था कि एक तरफ तो वसंत के आने का हवाला दिया जा रहा था तो दूसरी तरफ हम एक भयावने मामले कि खोज में लगे हुए थे। मेरा साथी ट्रैप के सामने वाले हिस्से में बैठा अपने बाजुओं को मोड़े, अपनी आँखों को अपने हैट से ढके और अपनी दाढी को अपनी छाती से लगाए, गंभीर चिंतन में मगन था। यकायक उसने मेरे कंधे को थपथपाते हुए चारागाह की तरफ इशारा किया।

"वहाँ देखो उसने कहा।"

वह एक अत्यधिक पेड़ों वाला, ढलान तक फैला और सर्वाधिक ऊंचाई पर घना चारागाह था। पेड़ों की टहनियों के बीच वहाँ एक तिकोने छत का उभार दिखाई दे रहा था।

"क्या यही स्टोक मोरान है?" उसने कहा।

"हाँ, श्रीमान। वह डॉ. ग्रिम्स्बाई रोयलोटट् का मकान हो सकता है," ट्रैप के चालक ने कहा।

"वहाँ पर कोई इमारत दिखाई दे रही है", होम्स ने कहा," यह वही जगह है जहाँ हम जा रहे हैं।"

"वहाँ एक गाँव है।" चालक ने कुछ दूर बाएं ओर छतों की एक गुच्छे कि और इशारा करते हुए कहा, "परन्तु यदि आप घर में जाना चाहते हैं तो इन सीढ़ियों वाला रास्ता सबसे छोटा रास्ता है, और इसी तरह-तरह खेतों की पगडंडियों से भी जा सकते हैं।जहाँ वह महिला चहलकदमी कर रही है यही वह घर है।"

"और वह महिला, मैं मानता हूँ मिस स्टोनर हैं।" होम्स ने अपनी नज़रें गढ़ाते हुए अपना विश्वास ज़ाहिर किया, "हाँ हमें वही करना चाहिए जैसा आपने कहा।"

हम गाड़ी से उतर गए, किराया चुकाया, और और गाड़ी लेदरहेड की ओर वापिस चली गई।

"मैं भी इसी तरह सोचता हूँ," जब हम सीढ़ियाँ चढ़ रहे थे तब होम्स ने कहा कि "इस बन्दे ने समझा होगा कि लोग कारीगर हैं या किसी और मामले में यहाँ आये है, इससे उसकी गपबाजी बंद हो जाएगी।" "नमस्कार मिस स्टोनर! देखिये हम लोग अपने वायदे के पक्के निकले।"

हमारी मुवक्किल हमसे मिलने जल्दी से आगे बढ़ी, उसके चेहरे पर खुशी झलक रही थी। गर्मजोशी के साथ हम लोगों से हाथ मिलाते हुए वह लगभग चिल्लाते हुए बोली "मैं आप लोगों का ही इंतज़ार कर रही थी। सब कुछ ठीक है, डॉक्टर रोयलोटट् शहर गए हुए हैं और मुझे नहीं लगता कि शाम से पहले लौटेंगे।"

"हम लोगों को डॉक्टर साहब से मिलने का सौभाग्य मिल चुका है," होम्स ने कहा और कुछ ही शब्दों में उन्होंने बता दिया कि क्या हुआ है। मिस स्टोनर ने जब यह सुना तो उसके होंठ सूख कर सफ़ेद पड़ गए।

"हे भगवान्!" उसने कहा "इसका मतलब है कि उसने मेरा पीछा किया?"

"ऐसा ही लगता है।"

"वह इतना धूर्त है कि मैं समझ नहीं पाती कि मुझे उससे निजात कब मिलेगी। जब वह लौट रहा था तो उसने क्या कहा?"

"जिस रास्ते पर वह चल रहा है, उसे अपनी हिफाज़त की चिंता करनी चाहिए क्योंकि कोई और उससे भी अधिक धूर्त है। आज रात आपको उससे अपनी हिफाज़त करना चाहिए। यदि वह आक्रामक होता है तो हम लोग आपको आपकी मौसी के पास 'हेरो' ले जायँगे। अब हमें अपने समय का सदुपयोग करना चाहिए, अतः हमें उस कमरे में ले चलें जिसका निरीक्षण हमें करना है।"

"वह इमारत भूरी थी व पत्थरों पर काई जमी थी, उसमें उभार लिए हुए मध्य भाग, और दो वक्र खंड थे जैसे केकड़े ने नाखूनों द्वारा उसे जकड़ा हुआ हो। इनमें से एक खंड की खिड़कियाँ टूटी हुईं ही और लकड़ी के तख्तों से अवरोधित थीं, जब कि छत झुकी हुई क्षत-विक्षत नज़र आ रही थी। मध्य खंड की ठीक से मरम्मत की गई जान पड़ती थी परन्तु उसका दायें हाथ की तरफ वाला हिस्सा तुलनात्मक रूप से आधुनिक था और खिड़कियाँ बंद थीं, चिमनी से नील रंग के धुएं के छल्ले निकल रहे थे जिससे महसूस होता था जैसे परिवार इसी भाग में रहता है। अंतिम दीवार के सहारे एक मचान बनाया गया था एवं पत्थर टूटे-फूटे हुए थे, और हमारे पहुँचने पर वहाँ कोई काम भी नहीं कर रहा था। होम्स खिड़की के बाहर ध्यान से निरीक्षण करते हुए, उस बेतरतीबी से छंटाई किये हुए लान में चहलकदमी करने लगे।

"मैं समझता हूँ कि यह आपका वही कमरा है जिसमें आप सोया करती थीं, बीचवाला आपकी बहन का और उससे आगे वाला डाक्टर रोयलोटट् का है।"

"बिल्कुल ठीक। परन्तु अब मैं बीच वाले कमरे में सोती हूँ।"

"मरम्मत के चलते, ठीक है न। वैसे भी उस अंतिम दीवार की मरम्मत की जरूरत नहीं जान पड़ती है।"

"कोई जरूरत नहीं है, मैं समझती हूँ कि यह सब मुझे मेरे कमरे से हटाने के लिए किया जा रहा है।"

"ओह! यह मानने योग्य है। अब इस सकरे खंड के दूसरी तरफ गलियारा पड़ता है जिसमें यह तीनों कमरे खुलते हैं और उनमें खिड़कियाँ भी।"

"हाँ, पर वे बहुत छोटी हैं, इतनी छोटी कि उनमें से किसी आदमी के निकल पाने की कोई संभावना नहीं है।"

"जैसा कि आप दोनों रात्रि में अपने कमरे में ताला लगा करके सोती थीं, आपके कमरों में किसी के उस तरफ से घुसने की संभावना नहीं थी। अभी क्या आप अपने कमरे में जा कर दरवाज़ों को बंद कर सकती हैं?"

मिस स्टोनर ने ऐसा ही किया और होम्स ने खुली हुई खिड़कियों के रास्ते दरवाज़ों को खोलने का हर तरह का प्रयास किया परन्तु सफल नहीं हुए। उनमें ज़रा सी भी दरार नहीं थी कि लोहे के सरियों को हटाने के लिए उनमें चाकू भी घुसाया जा सके। इसके बाद होम्स ने अपने मैग्रीफ़ाइंग ग्लास से दरवाज़ों के कब्ज़ों हिन्जिज की जांच की परन्तु वे ठोस लोहे की बनी हुई थीं और मजबूती से भारी मेशनरी में पैबस्त थीं। "हूँ, होम्स ने अपनी ठुड्ढी को सहलाते हुए और थोड़ी दुविधा से कहा कि मेरी अवधारणा में जरूर कुछ कठिनाइयां हैं। यदि इन शटरस को बोल्ट कर दिया जाये तो कोई उनके आर-आर नहीं जा सकता। ठीक है, अन्दर जाने पर क्या कोई रोशनी की किरण नज़र आती है?"

"एक छोटा दरवाजा जो चूना पुते गलियारे में खुलता था, जिसमें तीनों दरवाजे खुलते थे। होम्स ने तीसरे कमरे का निरीक्षण करने से मना कर दिया, इसलिए हम दूसरे कक्ष में पहुँच गए जिसमें मिस स्टोनर आज-कल सोती थीं और जिसमें उसकी बहन मरी थी। यह एक छोटा आरामदायक कमरा था जिसकी छत नीची थी और थोड़ी दूरी पर आग तापने की भट्टी थी जैसी कि आम घरों में होती थी। एक कोने में भूरे रंग का ड्रावर का चेस्ट था और दूसरे कोने में सफ़ेद रंग की इकहरी शायिका थी और बाईं तरफ खिड़की के पास श्रृंगारदानी थी। इन चीजों के अलावा मात्र लकड़ी की बनी हुई दो कुर्सियां एक सुन्दर और चौरस कालीन। इन दीवारों की सागौन की लकड़ी भूरी व दीमक द्वारा खाई हुई इतनी पुरानी और बदरंग थी कि इसने अपनी मूल छटा ही खो दी थी। होम्स ने एक कुर्सी को कोने में खींच और उस पर शांत होकर बैठ गए, परन्तु उनकी आँखें उस कमरे के दायें-बाएं, ऊपर-नीचे सभी तरफ का जायजा ले रही थीं। घंटी कि रस्सी जो पलंग कि बगल में लटकी हुई थी की ओर इशारा करते हुए होम्स ने पूछा "यह घंटी कहाँ बजती है?" दरअसल रस्सी का फुंदना तकिये के ऊपर पड़ा हुआ था।

"यह घर की देखभाल करने वाली महिला के कमरे में बजती है।"

"यह दूसरी वस्तुओं की अपेक्षा नयी लगती है?"

"जी हाँ, यह कुछ साल पहले ही लगाईं गई है।"

मुझे लगता है कि आपकी बहन ने इसकी मांग की होगी।"

"नहीं, मैंने उसे इसका उपयोग करते हुए कभी नहीं सुना। हमें जो चाहिए होता था हम स्वयं ही ले आते थे।"

"वास्तव में, ऐसा लगता है कि इतनी खूबसूरत घंटी की रस्सी लगाना व्यर्थ ही है। क्षमा करें मैं कुछ देर इस फर्श का निरिक्षण करूंगा।" वह फर्श पर बैठ गया और अपने आवर्धक कांच के जरिये पूरे फर्श पर घूम-घूम कर पत्तियों के बीच की दरारों का निरीक्षण करने लगा। यही काम उसने दीवारों पर लगे लकड़ी के पैनलों के साथ किया। सबसे अंत में उसने घंटी की रस्सी को हाथ में लेकर एक जोर का झटका दिया।

"यह बजती क्यों नहीं है?" उसने कहा।

"क्या यह बज नहीं रही है?"

"नहीं, जबकि यह एक तार से बंधी हुई है। यह बहुत मजेदार बात है। आप देख सकती हैं कि इसे एक हुक के जरिये जो रोशनदान से थोड़ा ऊपर है, बांधा गया है।"

"यह तो बहुत ही बेतुका काम है। मैंने इसे कभी देखा ही नहीं है।"

"बहुत अद्भुत है।" होम्स रस्सी को खींचते हुए बुदबुदाया। "इस कमरे में एक-दो ख़ास बातें हैं। उदाहरण के लिए क्या इस इमारत को बनाने वाला मूर्ख था कि जिसने इस रोशनदान को दूसरे कमरे में खुलता हुआ बनाया, जब कि उतनी ही मेहनत से वह इसे बाहर की और भी खोल सकता था।"

महिला ने कहा "वह भी आधुनिक है।"

"घंटी की रस्सी के साथ भी वही गलती हो गई है।" होम्स ने कहा।

"जी हाँ, उस समय कई दूसरे परिवर्तन भी किये गए थे।"

"वे अत्यंत मजेदार खासियतों के जान पड़ते हैं- व्यर्थ की घंटियाँ, रोशनदान जो रोशनी पैदा ही नहीं करते। यदि आप इजाजत दे मिस स्टोनर तो अब हम लोग अंदरूनी भाग में जांच-पड़ताल करेंगे।"

डॉक्टर ग्रिम्स्बाई रोयलोटट् का कमरा उसकी सौतेली बेटी से बड़ा था, पर पूरी तरह सुसज्जित था। उसमें एक सफारी पलंग, लकड़ी कि एक सेल्फ जो किताबों से भरी हुई थी, उनमें से ज्यादातर किताबें तकनीकी मिजाज़ की थीं, पलंग के बगल में एक हत्थेदार कुर्सी, एक लकड़ी की सपाट कुर्सी दीवाल के साथ लगी हुई एक गोल मेज एवं एक लोहे की विशाल अलमारी आदि कुछ खास चीजें थी जिन्हें आँखें देख पायी। होम्स ने धीमे-धीमे चलते हुए उन सभी चीजों का बारीकी से निरीक्षण किया।

"यहाँ क्या है?" उसने तिजोरी को थपथपाते हुए पूछा।

"मेरे सौतेले पिता के कारोबारी कागजात।"

"अच्छा। क्या तुमने कभी इसके अंदर देखा है?"

"सिर्फ एक बार, कई साल पहले। मुझे याद है यह कागजों से भरी थी।"

"तो इसमें बिल्ली वगैरह नहीं है।"

"नहीं। कैसी अजीब बात कर रहे हैं?"

"इसमें देखो।" उन्होंने उसके ऊपर रखी दूध की छोटी-सी कटोरी उठाई।

"नहीं, हमने बिल्ली नहीं रखी है। लेकिन हमारे पास एक चीता और लंगूर है।"

"ठीक है। चीता भी बड़ी बिल्ली है, लेकिन फिर दूध के एक प्लेट से उसका काम नहीं चल सकता। मैं एक बात का पता लगाना चाहता हूँ।" वह लकड़ी की कुर्सी के सामने बैठ गए और उसकी गद्दी को बहुत ध्यान से देखा। "धन्यवाद, उसका पता चल गया है।" होम्स ने उठकर लेंस जेब में रखते हुए कहा, "यह दिलचस्प है।"

जिस चीज ने उनका ध्यान आकर्षित किया वह बिस्तर के कोने पर टंगा कुत्ते हाँकने का चाबुक था। चाबुक गोलाकार मुड़ा हुआ था और ऐसे बँधा हुआ था मानो वह चाबुक की छड़ी से बाँधा गया हो।

"यह किस लिए है वाटसन?"

"यह साधारण चाबुक है, लेकिन मैं नहीं समझ पा रहा कि इसे बाँधा क्यों गया है?"

"यह बात बहुत सामान्य नहीं लगती न? यह दुनिया बहुत खराब है और जब दुष्ट आदमी अपना दिमाग अपराध करने में लगाता है तो वह सबसे बुरी होती है। मिस स्टोनर, मुझे लगता है कि मैंने अब काफी कुछ देख लिया है आप इजाजत दें तो हम लॉन में जाएँगे।"

मैंने अपने दोस्त का इतना उदास और ऐसा उतरा हुआ चेहरा पहले नहीं देखा जितना उस दिन जाँच-स्थल से लौटते समय देखा था। हम लॉन में कई बार ऊपर-नीचे गए थे, मगर न तो मिस स्टोनर और न मैंने ही उसके विचारों में विघ्न डालना उचित समझा और वह खुद ही सपने से जागे।

"मिस स्टोनर, यह बहुत जरूरी है।" उसने कहा, "कि तुम हर तरह से मेरी सलाह मानो।"

"मैं बिल्कुल ऐसा ही करूंगी।"

"मामला निःसंदेह बहुत गंभीर है। तुम्हारी जिंदगी पूरी तरह मेरी बात मानने पर निर्भर करती है।"

"मैं आपको विश्वास दिलाती हूँ कि मेरी जिंदगी अब आपके हाथ में है।"

"पहली बात तो यह कि मैं और मेरा मित्र तुम्हारे कमरे में रात को रुकेंगे।" मैंने और मिस स्टोनर ने उन्हें हैरानी से घूरा।

"हाँ, ऐसा करना पड़ेगा! मैं बताता हूँ। मुझे लगता है कि यहाँ गाँव में सराय है?"

"हाँ, वहाँ क्राउन इन है।"

"बहुत अच्छा। वहाँ से तुम्हारी खिड़कियाँ दिखाई देंगी?"

"जरूर।"

"जब तुम्हारे सौतेले पिता लौटें तो तुम्हें सिरदर्द के बहाने अपने कमरे में जाना है। फिर जब तुम्हें रात को सोने के लिए उनके चले जाने का पता लगे तुम अपनी खिड़की का शटर उठा

देना, कुंडी खोल देना, लेकिन हमें संकेत देने के लिए अपना लैंप वहाँ जरूर रख देना। फिर अपने उस कमरे में जरूरत की चीजों के साथ चली जाना, जिसमें तुम रहा करती थी। मेरे विचार से मरम्मत के बावजूद तुम वहाँ एक रात रुक सकती हो।"

"हाँ, आराम से।"

"बाकी सब हमारे हाथ में छोड़ दो।"

"लेकिन आप क्या करेंगे?"

"हम रातभर तुम्हारे कमरे में रुकेंगे और हम उस आवाज के कारण का पता लगाएँगे जिससे तुम्हें परेशानी हुई है।"

"मिस्टर होम्स, मुझे लगता है आप नतीजे पर पहुँच चुके हैं।" मिस स्टोनर ने मेरे साथी के बाजू पर हाथ रखते हुए कहा।

"शायद मैंने फैसला कर लिया है।"

"तो भगवान के लिए मुझे मेरी बहन की मौत का कारण बता दीजिए।"

"मैं बोलने से पहले पक्के सबूत जुटाना चाहता हूँ।"

"आप कम-से-कम मुझे यह तो बता सकते हैं कि मैं ठीक सोच रही हूँ कि उसकी मौत अचानक सदमा लगने से हुई थी?"

"नहीं, मुझे ऐसा नहीं लगता। मुझे लगता है इससे ज्यादा मजबूत कारण होगा। और मिस स्टोनर हम आपको छोड़कर जाएँगे क्योंकि अगर डॉ. रोयलेट लौटकर हमें देख लेंगे तो हमारी यात्रा बेकार जाएगी। अलविदा ! बहादुर बनो क्योंकि अगर तुम

वही करोगी जो मैंने बताया है तो तुम विश्वास कर सकती हो कि हम तुम्हें जल्दी ही उस खतरे से बचा लेंगे जिसका तुम्हें डर है।"

शर्लक होम्स और मुझे क्राउन इन में एक शयन कक्ष और एक आराम कक्ष किराए पर लेने में कोई परेशानी नहीं हुई। वे ऊपर की मंजिल पर थे और अपनी खिड़की से हम एवेन्यू गेट और स्टोक मोरेन मेनर हाउस के बचे हुए हिस्से को देख सकते थे।

शाम को हमें डॉ. ग्रिम्सबाई रोयलेट ट्रेप में बैठे लौटते हुए नजर आए। उनके पास बैठा छोटा लड़का गाड़ी चला रहा था। लड़के को लोहे का भारी गेट खोलने में परेशानी हो रही थी और हमें डॉक्टर की भारी गुर्राहट सुनाई दी और वह गुस्से से लड़के की तरफ मुट्ठी ताने नजर आया। ट्रैप चली गई और कुछ मिनट बाद हमें पेड़ों के पीछे से अचानक रोशनी नजर आई जो एक कमरे में लैंप जलाने के कारण हुई थी।

"वाटसन, क्या तुम्हें पता है," जब हम अँधेरे में बैठे हुए थे तो होम्स ने कहा, "आज रात मैं तुम्हें यहाँ लाया, इसकी एक वजह है। खतरे का अंदेशा है।"

"क्या मैं मदद कर सकता हूँ?"

"तुम्हारी उपस्थिति मूल्यवान होगी।"

"तो मैं जरूर आऊँगा।"

"तुम्हारी मेहरबानी।"

"तुम खतरे की बात कर रहे हो। जरूर तुम्हें उन कमरों में मुझसे कुछ अधिक नजर आया है।"

"नहीं, लेकिन मेरे विचार से मैंने थोड़ा-सा अधिक निष्कर्ष निकाला और [10:33, 7/15/2024] Ashish Mishra: मुझे उम्मीद है कि जो कुछ मैंने देखा वही सब तुमने भी जरूर देखा होगा।"

"मुझे घंटी की रस्सी के सिवाय कुछ भी उल्लेखनीय नहीं लगा कि आखिर उसका मकसद क्या होगा। मैं मानता हूँ कि उसका मैं अंदाजा नहीं लगा सका।"

"तुमने वेंटिलेटर भी देखा था?"

"हाँ, लेकिन मुझे दो कमरों के बीच छोटी-सी खुली जगह होनी अजीब नहीं लगी। वह जगह इतनी छोटी थी कि एक चूहा भी उससे गुजर नहीं सकता था।"

"मुझे पता था कि स्टोक मोरेन आने पर हमें एक वेंटिलेटर मिलेगा।"

"प्यारे होम्स।"

"हाँ, मैं जानता था। तुम्हें याद है, मिस स्टोनर ने बताया था कि उसकी बहन डॉ. रोयलेट के सिगार की गंध महसूस कर सकती थी। उससे जरूर यही पता चलता था कि दो कमरों के बीच संपर्क होना चाहिए। वह छोटा ही हो सकता था क्योंकि बड़ा होता तो मृत्यु समीक्षक की नजर इस पर पड़ गई होती। मगर वेंटिलेटर का पता मैंने लगाया।"

"लेकिन उससे क्या नुकसान हो सकता था?"

"ठीक है। कम-से-कम जानी-बूझी कुछ तारीखों का संयोग तो है। एक वेंटिलेटर बनाया गया, एक रस्सी लटकाई गई और बिस्तर में लेटी हुई औरत को मौत हो गई। क्या तुम्हें अजीब नहीं लगता?"

"मुझे अभी तक इनमें कोई संपर्क नजर नहीं आया।"

"क्या तुम्हें उस बिस्तर पर कोई अजीब बात नजर आई?"

"नहीं।"

"वह फर्श से बाँधा गया था। क्या तुमने कभी किसी बिस्तर को उस तरह बँधे हुए देखा है?"

"मैं नहीं कह सकता मैंने ऐसा देखा है।"

"वह औरत अपने बिस्तर को हिला नहीं सकती थी। बिस्तर की वेंटिलेटर और रस्सी से एक जैसी दूरी होगी क्योंकि वह रस्सी घंटी खींचने के लिए बनी थी।"

"होम्स।" मैं चिल्लाया, "तुम जिस तरफ इशारा कर रहे हो, मुझे भी वह थोड़ा-थोड़ा नजर आ रहा है। हम चालाकी भरे और खतरनाक अपराध को रोकने के लिए सही समय पर पहुँच गए हैं।"

"अपराध चालाकी भरा और खतरनाक है। जब कोई डॉक्टर गलती करता है तो वह शातिर अपराधी होता है। वह निडर होता है और उसे जानकारी होती है। पामर और प्रियार्ड उनके पेशे में अग्रणी हैं। यह आदमी बहुत गहरा वार करता है। लेकिन वाटसन, मेरा खयाल है कि हमें और भी गहरा वार करना चाहिए। लेकिन रात बीतने से पहले हमें अनेक खतरों से गुजरना

पड़ेगा। इसलिए मुझे पाइप का एक कश लगाने दो ताकि दिमाग को कुछ खुशनुमा काम में लगाया जाए।"

लगभग नौ बजे पेड़ों से आनेवाली रोशनी बुझ गई थी और मेनर हाउस के चारों ओर अँधेरा छा गया। धीरे-धीरे दो घंटे बीते और फिर अचानक ग्यारह बजते हो हमारे सामने रोशनी चमकी।

"हमें संकेत दिया गया है।" होम्स ने उठते हुए कहा, "यह रोशनी बीचवाली खिड़की से आ रही होगी।"

हम बाहर निकले और हमने मकान मालिक को बताया कि हम किसी रिश्तेदार से इस वक्त मिलने जा रहे हैं और यह संभव है कि हम रात को वहीं ठहर जाएँ। क्षण भर बाद हम अंधियारे रास्ते पर थे और ठंडी हवा हमारे चेहरों पर पड़ रही थी। हमारे सामने एक पीली रोशनी थी, जो इस गंभीर तहकीकात के उदासी भरे माहौल में हमारा मार्गदर्शन कर रही थी।

मैदान में प्रवेश करने में कुछ परेशानी हुई क्योंकि पुराने पार्क की दीवार के टूटे-फूटे हिस्सों की मरम्मत नहीं की गई थी। हम पेड़ों के बीच से रास्ता बनाकर लॉन में पहुँचे। उसे पार करके हम खिड़की से घुसनेवाले ही थे कि लोरेल की झाड़ियों से कोई चीज गिरी मानो कोई भयानक और टेढ़ा-मेढ़ा बच्चा हो जो ऐंठे हुए अंगों के साथ घास पर गिरा हो फिर बगीचे से तेजी से भागकर अँधेरे में गायब हो गया हो।

"हे भगवान!" मैं फुसफुसाया, "क्या तुमने उसे देखा?"

पलभर के लिए होम्स भी मेरी तरह चौंक गया था। उत्तेजना में उसका हाथ मेरी कलाई पर जोर से पड़ा और वह मेरे कान के पास बोला, "यह मजेदार घर है," वह फुसफुसाया, "वह लंगूर था।"

मैं उन अजीबोगरीब पालतू जानवरों के बारे में भूल गया था जिन्हें डॉक्टर ने पाल रखा था। एक चीता भी था, शायद हमें वह कभी भी अपने कंधे पर वार करता हुआ मिल जाए। मैं मानता हूँ कि जब मैंने होम्स की बात मानकर जूते उतारकर शयन कक्ष में प्रवेश किया तो राहत की साँस ली। मेरे साथी ने चुपचाप शटर बंद कर दिए, लैंप को उठाकर मेज पर रख दिया और कमरे में नजर दौड़ाई। सब कुछ वैसा ही था जैसा हमने दिन में देखा था। फिर मेरे पास सरककर अपने हाथों को मुँह के पास ले जाकर उसने इतनी धीमी आवाज में कुछ कहा कि मेरे लिए समझना मुश्किल था।

"हल्की-सी आवाज भी हमारी योजना के लिए खतरनाक होगी।" मैंने यह बताने के लिए सिर हिलाया कि मैंने उसकी बात सुन ली है।

"हमें बिना रोशनी के बैठना चाहिए। हमें रोशनी वातायन से दिख जाएगी।" मैंने फिर से सिर हिलाया।

"सो मत जाना क्योंकि तुम्हारी जिंदगी उसी पर निर्भर है। अपना पिस्तौल तैयार रखो, कहीं हमें उसकी जरूरत न पड़ जाए। मैं बिस्तर के किनारे पर बैठूँगा और तुम कुर्सी पर बैठ जाओ।"

मैंने अपना रिवॉल्वर निकाला और मेज के कोने पर बैठ गया।

होम्स एक लंबी, पतली लकड़ी लाया था। उसे उसने मेरे पास बिस्तर पर रख दिया। उसके पास उसने माचिस की डिब्बी और मोमबत्ती का टुकड़ा भी रख दिया। फिर उसने लैंप बुझा दिया अब हम अँधेरे में बैठे हुए थे।

मैं उस भयानक रात को कैसे भूल सकता हूँ? मुझे कोई आवाज सुनाई नहीं दे रही थी। साँस लेने तक की आवाज भी नहीं, और फिर भी मुझे पता था कि मेरा साथी आँखें खोले बैठा हुआ है जो मुझसे कुछ फुट की दूरी पर मेरी तरह ही बेचैनी और तनाव में था। शटर बंद होने से रोशनी आनी बंद हो गई थी और हम पूरी तरह अँधेरे में इंतजार कर रहे थे। बाहर से कभी-कभी किसी रात के पक्षी के रोने की आवाज आती थी और एक बार हमारी खिड़की के पास बिल्ली की एक लंबी कराह-सी सुनाई दी, जिससे हमें पता चल गया कि चीते को खुला छोड़ा गया था। कहीं दूर हमें पीतल के घंटे की आवाज सुनाई दे रही थी जो हर पंद्रह मिनट बाद बजता था। वे पंद्रह मिनट बहुत लंबे लग रहे थे। बारह बजे, फिर एक, दो और तीन बज गए। फिर भी हम चुपचाप बैठे इंतजार कर रहे थे कि कुछ होने वाला है!

अचानक वातायन की दिशा में क्षण भर के लिए रोशनी की किरण चमकी और फिर जल्दी ही गायब हो गई; लेकिन उसके बाद तेल जलने और धातु गर्म करने की तीखी गंध आई। साथ वाले कमरे में किसी ने लालटेन जलाई थी। मुझे हलचल की हल्की-सी आवाज सुनाई दी। फिर चुप्पी छा गई लेकिन गंध तीखी हो गई थी। आधा घंटे तक मैं कुछ सुनने की कोशिश करता रहा। उसके बाद बहुत धीमी आवाज सुनाई दी मानो केतली में से भाप निकल रही हो। जैसे ही हमने उसे सुना, होम्स उठा, माचिस जलाई और अपनी लकड़ी को जोर-जोर से घंटी खीचने की रस्सी पर मारा।

"देखो वाटसन?" वह चीखा, "तुम देख रहे हो।"

लेकिन मैंने कुछ भी नहीं देखा। उस समय होम्स और मुझे सीटी बजने की साफ आवाज सुनाई दी, लेकिन मेरी थकी हुई आँखों में तेज रोशनी पड़ने के कारण मेरे लिए यह बताना मुश्किल था कि मेरा दोस्त किस चीज पर प्रहार कर रहा था। मैं देख सकता था कि उसका चेहरा भय और घृणा से पीला पड़ गया था।

उसने प्रहार करना बंद कर दिया था और वह ऊपर वातायन को देख रहा था कि अचानक रात के सन्नाटे में इतनी दर्दनाक चीख गूँजी जैसी मैंने पहले कभी नहीं सुनी थी। वह आवाज तेज होती गई। वह दर्द और गुस्से से भरी हुई भयानक चीख थी। दूर-दराज के गाँवों और दूर के लोगों को भी उस चीख ने बिस्तर में सोते से जगा दिया होगा। हमारे दिलों पर बर्फ-सी जम गई और मैं होम्स को देख रहा था और वह मुझे। फिर वह आवाज बिल्कुल बंद हो गई। "इसका क्या मतलब हो सकता है?" मैंने हैरानी से पूछा।

"इसका मतलब है कि सब कुछ खत्म हो गया।" होम्स ने जवाब दिया, "और शायद यह अच्छे के लिए हुआ है। अपना पिस्तौल उठाओ। हम मि. रोयलेट के कमरे में जाएँगे।"

होम्स ने गंभीर होकर लैंप जलाया और गलियारे की तरफ बढ़ा। उसने कमरे के दरवाजे को दो बार खटखटाया लेकिन अंदर से कोई जवाब नहीं आया। फिर वह कुंडा खोलकर अंदर गया। मैं उसके पीछे-पीछे पिस्तौल लिए चल रहा था। हमें अजीब नजारा देखने को मिला। मेज पर आधे खुले शीशेवाली लालटेन रखी थी जो लोहे की तिजोरी पर रोशनी की तेज किरणें डाल रही थी। तिजोरी का दरवाजा खुला पड़ा था। इस मेज के पास लकड़ी की कुर्सी पर डॉ. रोयलेट बैठा हुआ था जो लंबा भूरा ड्रेसिंग गाउन

पहने हुए था। उसके उघड़े टखने नीचे दिख रहे थे और उसने पाँवों में लाल रंग की बिना ऊँची ऐड़ीवाली तुर्की चप्पलें पहन रखी थी। उसकी गोद में लंबे चाबुकवाली छोटी मूठ थी जिसे हमने दिन में देखा था। उसकी ठुड्डी ऊपर की ओर मुड़ी हुई थी और भयभीत आँखें छत के कोने में टकटकी लगाए हुए थीं। उसके माथे के चारों ओर एक विशेष पीले रंग का भूरा चित्तीदार बैंड था जो उसके सिर के चारों ओर कसकर बँधा था। "बैंड! चित्तीदार बैंड।" होम्स फुसफुसाया।

मैं एक कदम पीछे हट गया। क्षण भर में डॉक्टर के सिर का वह अजीव बैंड हिलने लगा और उसके बालों से एक लिजलिजे साँप का हीरे के आकार का सिर और फूली हुई गर्दन दिखाई दी।

"यह दलदली साँप है।" होम्स चिल्लाया, "भारत में पाया जानेवाला सबसे खतरनाक साँप। डॉक्टर की मौत इसके काटे जाने के दस सेकेंड के भीतर हो गई। वास्तव में औरों पर हिंसा करनेवाले का अंत भी हिंसक होता है। साजिश करने वाला औरों के लिए खोदे गए गड्ढे में खुद गिर जाता है। हम इस साँप को उसके बिल में डाल देंगे और फिर मिस स्टोनर को सुरक्षित स्थान पर पहुँचाने के बाद यहाँ की पुलिस को घटना की जानकारी दे देंगे।"

यह कहते हुए उसने कुत्ते के चाबुक को मृतक की गोद से उठाया। साँप की गर्दन के चारों ओर घुडी लगाकर उसे सिर से निकाला और एक हाथ की दूरी रखते हुए उसे लोहे की तिजोरी में फेंकने के बाद तिजोरी का दरवाजा बंद कर दिया।

स्टोक मोरेन के डॉ. ग्रिम्सबाई रोयलोट की मौत के ये तथ्य हैं। यह जरूरी नहीं कि मैं इस कथा को और लंबा खींचूँ जो पहले ही बहुत लंबी हो गई है और बताऊँ कि हमने वह बुरी खबर उस डरी हुई लड़की को कैसे सुनाई। कैसे हम उसे सुबह की रेलगाड़ी से उसकी आंटी की सुरक्षा में हैरो छोड़कर आए और किस प्रकार जाँच-पड़ताल की सुस्त प्रक्रिया से खतरनाक पालतू साँप के होने का पता चला कि डॉक्टर उस खतरनाक पालतू साँप के साथ लापरवाही से खेलने के कारण मारा गया। मुझे मामले के बारे में थोड़ा-बहुत जो कुछ जानना था वह अगले दिन वापसी की यात्रा के दौरान शर्लक होम्स ने मुझे बताया। उसने कहा, "प्यारे वाटसन, मैंने बिल्कुल गलत निष्कर्ष निकाला था। इससे पता चलता है कि आधे-अधूरे तथ्यों के आधार पर तर्क करना कितना खतरनाक होता है। जिप्सियों की उपस्थिति, बेचारी लड़की द्वारा बैंड शब्द का उपयोग और माचिस की रोशनी में उसने जल्दी में जो देखा, उसके वर्णन से मैं बिल्कुल गलत निष्कर्ष पर पहुँच गया था। मैंने इस बात पर दुबारा विचार इसलिए किया कि मुझे यह स्पष्ट हो गया था कि कमरे में न तो कोई खिड़की से अंदर आ सकता था, न ही दरवाजे से। जैसा मैंने तुम्हें बताया, मेरा ध्यान तुरंत इस वातायन और उससे बिस्तर तक नीचे लटकाई गई घंटी की रस्सी की तरफ गया। जब मुझे पता चला कि घंटी की रस्सी सिर्फ दिखावे के लिए है और बिस्तर को फर्श में जमाया गया है तो मुझे संदेह हुआ कि रस्सी को किसी वस्तु के छेद से निकालकर बिस्तर तक लाने के लिए इस्तेमाल किया गया था। मेरे दिमाग में अचानक साँप का विचार आया। मुझे यह भी पता था कि डॉक्टर के पास भारत से जानवर लाए जाते थे। तब मुझे लगा कि मैं शायद सही दिशा में सोच रहा हूँ। ऐसे जहर का इस्तेमाल,

जिसका किसी भी रासायनिक परीक्षण द्वारा पता न लगाया जा सके, केवल ऐसे चालाक और क्रूर व्यक्ति के मन में आ सकता है जिसने पूर्वी देशों में प्रशिक्षण लिया हो। इस दृष्टिकोण से यह बात भी फायदेमंद थी कि जहर का असर बहुत तेजी से होगा। केवल एक होशियार मृत्यु समीक्षक ही दो काले धब्बों को ढूँढ़ सकता है जहाँ साँप ने डसा हो। फिर मैंने सीटी के बारे में सोचा। निःसंदेह वह सुबह होने से पहले साँप को वापस बुला लेता होगा। शायद हमने जो दूध देखा उसे पिलाकर साँप को प्रशिक्षित किया होगा ताकि उसे दूध पीने के लिए सीटी की आवाज सुनाकर बुलाया जाए। उसे खास समय पर वातायन में रख दिया जाता होगा और साँप बिस्तर तक रस्सी से रंगकर पहुँच जाता होगा। हो सकता है साँप काटे या न काटे और शिकार कई दिन तक बचता रहे लेकिन अंत में साँप उसे डस लेता था।

"मैं उसके कमरे में पहुँचने से पहले इस निष्कर्ष पर पहुँच गया था। उसकी कुर्सी की जाँच करने पर पता चला कि वह कुर्सी पर चढ़ा करता था जिसकी वातायन तक पहुँचने के लिए जरूरत पड़ती थी। तिजोरी का होना, दूध की कटोरी और चाबुक की मूठ से मेरे मन के सभी भ्रम दूर हो गए थे।

मिस स्टोनर ने धातु के टकराने की जो आवाज सुनी थी वह तिजोरी के दरवाजे की आवाज थी जो उसके सौतेले पिता द्वारा साँप को तिजोरी में बंद करने पर आती थी। अपने मन में यह निर्णय करने के बाद तुम जानते हो कि मैंने इस मामले के सबूत जुटाने के लिए क्या-क्या किया। मैंने साँप के फुफकारने की आवाज सुनी जो जरूर तुमने भी सुनी होगी। और मैंने तुरंत रोशनी की तरफ उस पर हमला किया। यह उसे बाहर निकालने के लिए था।"

"इसका नतीजा यह हुआ कि उसने दूसरी तरफ बैठे अपने मालिक पर हमला बोल दिया। मेरे डंडे के कुछ प्रहारों से उसकी हिंसक प्रवृत्ति जाग गई और उसने सबसे पहले जिसे देखा उसी को अपना शिकार बना लिया। इस तरह मैं अप्रत्यक्ष रूप से डॉ. ग्रिम्सबाई रोयलेट की मृत्यु के लिए जिम्मेदार हूँ मगर मैं यह नहीं कह सकता कि मुझे उसके मरने पर अपराधबोध हो रहा है।"

मौत का बीज

सितम्र के महीने का अंत चल रहा था। पूरे दिन काफी तेज़ हवा चलती रही। इसके साथ ही बारिश की फुहार सी पड़ रही थी। लन्दन के बीचों-बीच बैठे हम लोग रोजाना की जिंदगी से अलग विचार करने व पहचानने के लिए मजबूर हो गए थे।

मनुष्य की सभ्यताओं में मौजूद महान तात्विक बल चिंघाड़ रहा था। शाम होते-होते तूफ़ान बढ़ गया। चिमनी से आती हवा किसी बच्चे की तरह शोर मचा रही थी। होम्स आग के पास बैठा अपने आपराधिक अभिलेखों को सूचीबद्ध कर रहा था, जबकि मैं दूसरे सिरे पर बैठा क्लार्क रसेल की सामुद्रिक कथाओं में डूबा हुआ था। मेरी पत्नी मायके गई थी। इसलिए मैं कुछ दिनों के लिए बेकर स्ट्रीट के अपने पुराने मकान में आ गया था।

"क्यों-" अपने दोस्त की तरफ देखकर मैंने पूछा- "घंटी बजी थी न? आज रात के समय कौन आ सकता है? मुझे तो लगता है तुम्हारा कोई दोस्त ही होगा, वरना इतनी रात में-"

"मेरा तुम्हारे अलावा कोई और दोस्त नहीं है।" उसने जवाब दिया- "मैं मेहमानों को ज्यादा नहीं बुलाता।"

"फिर कोई क्लायंट?"

"यदि ऐसा है तो मामला गंभीर होगा। कोई छोटी बात तो इस समय किसी आदमी को बाहर नहीं ला सकती। लेकिन मुझे लगता है की यह मकान मालकिन ही होगी।"

होम्स का अंदाजा गलत था। गलियारे में किसी के चलने की आवाज़ सुनाई पड़ी, फिर दरवाज़ा खटखटाया गया। उसने अपनी लम्बी बांह फैलाई तथा लैम्प को खुद से परे हटाते हुए एक खाली कुर्सी पर रख दिया, जिस पर आने वाला बैठता। "अन्दर आ जाओ।" उसने कहा।

आने वाला आदमी जवान था, उसकी उम्र बाईस साल की थी। उसने चुस्त वस्त्र पहने हुए थे जो आकर्षक लग रहे थे। उसके हाथ में थमा टपकता छाता और उसकी लम्बी चमकदार बरसाती भयानक मौसम के बारे में बता रहे थे। जिसमे से होकर वह आया था।

उसने लैम्प की रौशनी में चिंतित भाव से चारों तरफ देखा। मैंने ध्यान दिया की उसका चेहरा पीला था, और उसकी आँखें चिंता से बोझिल हो रही थीं, वह कुछ भयभीत था।

"मैं आपसे माफ़ी मांगना चाहता हूँ।" उसने आँखों पर लगा सुनहरी चश्मा ठीक करते हुए बताया- "मेरा यकीन है की मैं हस्तक्षेप नहीं कर रहा। मुझे डर है कि मैं तूफ़ान और बरसात के कुछ चिन्ह आपके कमरे में ले आया हूँ।"

"मुझे बरसाती तथा छाता दो।" होम्स ने कहा- "वह यहाँ हुक पर टंगे रहेंगे और अभी सूख जायेंगे। मेरा अनुमान है की तुम दक्षिण-पश्चिम से यहाँ आये हो।"

"हाँ, हाशमि से।" उसने बताया।

"तुम्हारे जूतों की नोक पर लगा मिट्टी तथा खड़िया का बुरादा इस बात का सबूत है।"

"मैं आपसे कुछ मामले में सलाह लेने आया हूँ, उम्मीद है आप मुझे निराश नहीं करेंगे।"

"वो तुम्हे अवश्य मिलेगी।"

"और मदद?"

"यह प्राप्त करना हमेशा आसन नहीं है।" शरलॉक होम्स ने कहा- "मदद भी किसी-किसी को मिलती है।"

"मैंने आपके बारे में सुना था, श्री होम्स! मैंने मेज़र पैंडरगास्ट से सुना था कि कैसे आपने उसे टैंकरविले क्लब काण्ड से बचाया था।"

"हाँ जरूर। उस पर पत्तों की धोखाधड़ी का मिथ्या आरोप था।" वह सोचकर बोला।

"वह कहता था कि आप कुछ भी सुलझा सकते हैं मिस्टर होम्स-।" उस आने वाले व्यक्ति ने कहा।

"उसने कुछ ज्यादा ही कह दिया।"

"आप कभी असफल भी नहीं होते।" वह बोला- "जो काम अपने हाथ में लेते हैं पूरा करते हैं।"

"मैं चार बार नाकामयाब हो चुका हूँ, तीन बार व्यक्तियों द्वारा और एक बार स्त्री द्वारा।"

"लेकिन यह सब आपकी सफलताओं के सामने क्या मायने रखता है!" उस व्यक्ति ने प्रशंसा की।

"यह सच है की साधारणतः मैं कामयाब ही होता हूँ।" मिस्टर होम्स के होठों पर मुस्कराहट थी।

"फिर तो आप मेरे मामले में भी हो सकते हैं।" उसने कहा- "आप केस हाथ में लेकर देखिये।"

"तुम अपनी कुर्सी आग के पास खींच लो, और विस्तार से अपना मामला समझा दो।"

"मिस्टर होम्स-! यह मामला कोई साधारण मामला नहीं है।" उसके चेहरे पर उलझन के भाव थे।

"मेरे पास केस जब आता है तो तभी आता है जब वह अपने अंत पर पहुँच जाता है।"

"फिर भी मिस्टर होम्स! में आपसे पूछना चाहूंगा कि अपने अनुभव में अभी रहस्यमय और अनसुलझी घटनाओं की ऐसी श्रृंखला के विषय में सुना है, जैसी मेरे परिवार में घटित हुई?"

"तुमने मुझे केस के प्रति उत्सुकता जगा दी।" होम्स ने कहा- "मुझे शुरू से पूरी बात बताओ।"

उस आदमी ने अपनी कुर्सी थोड़ा आगे की और खींची और अपने गीले पैर आग की तरफ बढ़ा दिए।

उसने बताया-"मेरा नाम जॉन ओपेन शॉ है, मगर मेरे केस का जैसा मैं जानता हूँ इन विचित्र बातों से थोड़ा ही सरोकार है। यह एक आनुवंशिक मामला है, इसलिए इसकी झलक देने के लिए में शुरू करता हूँ।"

"मेरे दादा के दो बेटे थे-एक मेरे चाचा एलियस और दूसरे, मेरे पिता जोसेफ। मेरे पिता का कावेंट्री में छोटा-सा कारखाना था। जिसे उन्होंने साईकिल के आविष्कार के समय बढ़ा लिया था। वह ओपेन शॉ के न टूटने वाले टायरों के मालिक थे। उनका कारोबार इतना कामयाब रहा कि इसे बेचकर इससे मिलने वाली धनराशि में आराम से अपना जीवन बिताने लगे।"

"मेरे चाचा जब जवान थे, तो अमेरिका जाकर रहने लगे थे और फ्लोरिडा में पौधों का कार्य करते थे। उनका कारोबार बढ़िया चल रहा था। युद्ध के समय वह जैक्सन सेना में थे और बाद में हुड में, जहाँ वह कर्नल हो चुके थे। जिस समय ली ने समर्पण किया, मेरे चाचा फिर पोधों का कारोबार सँभालने लगे। तीन-चार साल वहीं रहे।

सन 1869 अथवा 70 के आस-पास वे यूरोप वापस लौटे और ससेक्स में हाशमि के निकट एक छोटी भूमि खरीद ली। वह अमेरिका में काफी जायदाद अर्जित कर चुके थे और वहाँ से लौटने की वजह उनकी काले लोगों के प्रति अरुचि और संघीय नीति के के प्रति नाराज़गी थी। वह एकाकी, सरवने, गुस्से में भद्दी बातें करने लग जाते थे।

वह जितने साल हाशमि में रहे, उन्होंने कभी कस्बे में पांव नहीं रखा। उनके घर के आस-पास एक बगीचा और दो-तीन खेत थे। वहाँ लोग कसरत करते थे। महीनों वह अपना कमरा

नहीं छोड़ते थे। ब्रांडी कुछ ज्यादा ही पीते थे। समाज से भी दूर-दूर रहा करते थे। न उनका कोई दोस्त था, न ही किसी को वे पसंद करते थे, यहाँ तक कि अपने भाई को भी नहीं।

बस वह मुझे ही पसंद करते थे। जब से उन्होंने मुझे देखा बहुत प्यार करने लगे थे। उस समय मैं बारह साल का था। यह 1869 की बात है। इसके बाद वह आठ-नौ साल इंग्लैण्ड में रहे। मेरे पिता से कहने के बाद उन्होंने मुझे अपने साथ ही रख लिया था।

वह मुझसे बहुत अच्छा व्यवहार करते थे। कभी-कभी खुश होकर मेरे साथ खेलते भी थे। अपने नौकरों और कारोबारी लोगों के सामने वह मुझे अपने प्रतिनिधि के रूप में पेश करते थे। सोलह साल की उम्र में मैं घर का पूरा मालिक बन चूका था।

घर की सारी चाबियां मेरे पास ही होती थी। मुझे हर जगह जाने, कुछ भी करने का पूरा अधिकार था। उनके अधिकार में सिर्फ अटारी वाला कमरा ही रहता था। उस कमरे में हमेशा ताला लगा रहता था। इसके अन्दर जाने की किसी को इजाजत नहीं थी। मुझे भी नहीं। एक दिन चाबी के छेद से मैंने उसके अन्दर झांका तो उसमें पुराने बक्से और गठरियां ही थी।

यह सन 1883 की बात है। मेज़ पर एक लिफाफा रखा था, जिस पर विदेशी मुहर लगी थी। ख़त प्राप्त करना उनके लिए सरल कार्य नहीं था, क्योंकि उनके सारे बिल नकद अदा होते थे। उनका कोई दोस्त भी नहीं था।

भारत से। वह उस लिफाफे को उठाकर बोले-पांडिचेरी का डाक टिकट लगा है। यह क्या हो सकता है?

उन्होंने उस लिफ़ाफ़े को जल्दी से खोला, तो पांच बीज निकलकर उनकी तस्तरी में गिर गए। यह देखते ही मुझे हँसी आ गई। लेकिन उनका चेहरा देखते ही मेरी हँसी गायब हो गई। उनकी आँखें बहार को आ गई थीं और होंठ लटका हुआ था। चेहरा पीला पड़ चुका था। वह अपने कांपते हाथों से लिफ़ाफ़े को देख रहे थे। 'के...के...के' वह चिल्लाए और फिर देखते ही देखते उनके हाथ पैर ठन्डे होने लगे थे।

"क्या बात है चाचा-!" मैं भयभीत स्वर में चिल्लाया- "मुझे बताओ तुम्हे क्या हुआ है?"

"मृत्यु!" उन्होंने कहा और मुझे डर से काँपता हुआ देखकर वह उठे और अपने कमरे की ओर चल दिए।

उनके जाने के बाद मैंने लिफाफा उठाया, और अन्दर की तरफ गोंद के ठीक ऊपर लाल प्रतीक देखा। उसके ऊपर तीन बार 'के' लिखा हुआ था। उसमे पाँच सूखे बीजों के अलावा कुछ नहीं था।

इस डर की क्या वजह हो सकती थी, मैं डर के मारे नाश्ता छोड़कर उठ गया और जैसे ही सीढ़ियों पर चढ़ा, मैंने चाचा को जंग लगी चाबी लेकर नीचे आते हुए देखा। वो चाबी शायद अटारी की थी। उनके एक हाथ में चाबी थी, और दुसरे में पीतल का बक्सा। वह बक्सा कुछ इस प्रकार का बना था जैसे पुराने लोग पैसा रखने का बनाते हैं।

"वह जो चाहे कर लें, लेकिन मैं उन्हें सफल नहीं होने दूंगा।" उन्होंने प्रतिज्ञा करते हुए कहा- "मैरी से कहो कि मेरे कमरे में आग जला दे, और हाशमि के वकील फार्देम को बुला लाये।"

जैसा उन्होंने कहा, मैंने वैसा ही किया।

जिस समय वकील पहुँची, मुझे कमरे में बुलाया गया। आग तेजी से जल रही थी और आगदान में जले कागज जैसी काली, फूली हुई राख का ढेर पड़ा हुआ था। मेरी नज़र जैसे ही उस पीतल के बक्से पर पड़ी, उस पर 'के' लिखा हुआ था। जैसा कि मैंने लिफ़ाफ़े के ऊपर देखा था।

मेरे चाचा बोले- "मैं चाहता हूँ जॉन कि तुम मेरी वसीयत के साक्षी बनो, मैं अपनी सारी जायदाद तुम्हारे पिता के नाम छोड़ता हूँ, जो बाद में तुम्हे मिलेगी। अगर तुम इसका अच्छा इस्तेमाल करो तो। बहुत अच्छी बात होगी। अगर तुम्हे लगे कि तुम इसका लाभ नहीं उठा सकते तो तुम इसे अपने घोर शत्रु के लिए छोड़ देना। मैं शर्मिंदा हूँ कि मैं तुम्हें ऐसी दोधारी वास्तु दे रहा हूँ, लेकिन मैं तुम्हें नहीं बता सकता कि अगला मोड़ कौन-सा हो सकता है, इसलिए जहाँ वकील साहब कहते हैं हस्ताक्षर कर दो।"

मैंने हस्ताक्षर कर दिए, उसके बाद वो कागज वकील अपने साथ ले गया। इस घटना का मुझ पर काफी प्रभाव पड़ा, मैंने काफी सोच-विचार किया, हर तरीके से अपना दिमाग चलाया, लेकिन कोई फायदा नहीं। मेरे दिल में जो डर बैठ गया था वो निकल नहीं पाया।

कुछ सप्ताह बाद मैं थोड़ा संभल गया, और हमारे जीवन में बाधा डालने वाली भी कोई बात नहीं थी, लेकिन मैं अपने चाचा में कुछ परिवर्तन देख रहा था। अब वह काफी शराब पीने लगे थे। समाज से बिल्कुल अलग हो चुके थे। उनका ज्यादातर वक्त उनके कमरे में गुजरता।

उनके कमरे का दरवाजा हमेशा अन्दर से बंद रहता था। जब भी वह बाहरहोते थे तो गुस्से और नशे की हालत में होते थे। उनके हाथ में एक रिवाल्वर होता, जिससे वह हमेशा गोलियां बरसाते थे और चिल्लाते थे कि उन्हें किसी से डर नहीं लगता है। जब उनका यह गुस्सा ख़त्म हो जाता तो वह अपने कमरे में घुस जाते थे और अपने पीछे ताला लगाकर इसे बंद कर लेते। उसी तरह जैसे वह किसी से डरते हों।

उस समय जब मैं उनका चेहरा देखता था तो सर्दियां होने के बावजूद भी उनके चेहरे पर पसीना होता था।

मिस्टर होम्स! अब मैं केस के आखिर में आते हुए बताता हूँ कि एक रात अचानक उन्हें फिर वही गुस्से और नशे के दौरे पड़े। जिनसे वे कभी वापस नहीं आए। जब हमने उन्हें तलाश किया तो वह तालाब में औंधे मुंह पड़े हुए थे। पानी दो फुट गहरा था। चोट का भी कहीं कोई निशान नहीं था।

सभी लोगों ने उसे आत्महत्या मान लिया। लेकिन मैं जानता था कि वह मौत से कितना डरते थे। मैं खुद इस बात को मानने के लिए तैयार नहीं हूँ। कुछ दिन बाद मामला ठंडा हो गया। इसके बाद मेरे पिता ने जायदाद और चौदह हज़ार पौंड जो बैंक में थे अपने अधिकार में ले लिए।"

"एक पल रुको।" होम्स ने हस्तक्षेप किया- "मैं देखता हूँ कि तुम्हारा वक्तव्य अद्वितीय है, ऐसा मैंने आज तक नहीं सुना। तुम्हारे चाचा द्वारा ख़त को हासिल करना व आत्महत्या की तारीख़ मुझे दो।"

“ख़त दस मार्च, सन 1883 को मिला था। फिर उनकी मृत्यु 10 सप्ताह बाद 2 मई को हुई।”

“थैंक्यू! आगे बताओ।”

“जब मेरे पिता ने सारी जायदाद अपने अधिकार में ले ली तो मेरे कहने पर उन्होंने अटारी वाले कमरे का जायजा लिया। हमने वहाँ पीतल का बक्सा देखा। उसमे रखा सामान नष्ट कर दिया गया था। इसके कवर में एक पर्ची चिपकी हुई थी। जिस पर ‘के के’ लिखा था। इसके नीचे ‘पत्र’ मेमो, रसीदें व एक पुस्तिका लिखा था।

हमने सोचा कि यह उन कागजों के विषय में था जो चाचा ने नष्ट कर दिए। और अटारी में कुछ ख़ास सामान नहीं था सिवाय किताबों और कागजों के। इन कागजों में मेरे चाचा ने अमेरिका के बारे में लिखा था। उनमें कुछ युद्ध के समय के थे। जिससे पता चलता था कि उन्होंने अपने कर्तव्य का पालन अच्छी तरह किया था।

इसी के साथ उन्होंने एक बहादुर सिपाही होने की प्रतिष्ठा भी लूटी थी। दूसरे दक्षिणी प्रान्तों में पुनर्निर्माण के समय के थे, और ज्यादातर राजनीति से ताल्लुक रखते थे। क्योंकि उन्होंने उत्तर से आए राजनीतिज्ञों के विरोध में सक्रिय रूप से भाग लिया था।

सन 1884 की घटना है, जब मेरे पिता हाशमि में बसने आये थे और जनवरी,1885 तक सब कुछ जितना अच्छा चल सकता था चला। नववर्ष के चौथे दिन जब हम नाश्ते की टेबल पर बैठे हुए थे। मैंने अपने पिता को हैरानी से तेज़ लहजे में चिल्लाते हुए देखा। वह वहाँ बैठे थे, और उनके एक हाथ में अभी

खोला गया एक लिफाफा था और दूसरे हाथ की हथेली में संतरे के पाँच बीज सूखे हुए थे। वह कर्नल के विषय में हमेशा मेरी कहानी पर हँसते थे।

लेकिन अब जब वही बात उनके साथ गुजरी थी तो वह बुरी तरह भयभीत हो गए थे।

"क्यों जॉन, इस बात का क्या मतलब होता है?" मेरे पिता ने हड़बड़ा कर मुझसे पूछा।

"मेरा दिल डूबा जा रहा था। यह 'के...के...के' हैं।" मैंने कांपती आवाज़ में उन्हें बताया।

उन्होंने लिफाफे के अन्दर झांका।

"ऐसा ही है।" वह जोर से चिल्लाये- "यह अल्फाज हैं, पर यह इनके ऊपर क्या लिखा है?"

"कागज सूर्य घड़ी पर रख दो।" मैंने उनके कंधे के ऊपर से झांकते हुए उस कागज को पढ़ा।

"कौन-से कागज? कौन-सी सूर्य घड़ी की बात कर रहे हो?" उन्होंने उलझन भरे स्वर में पूछा।

"बगीचे वाली सूर्य घड़ी। और कोई दूसरी है ही नहीं।" मैंने बताया- "लेकिन कागज वह हैं जो नष्ट हो चुके हैं।"

"हूँ।" उन्होंने अपनी हिम्मत को बटोरते हुए कहा- "हम यहाँ एकसभ्य देश में रहते हैं, और इस तरह की बेवकूफी हरगिज बर्दाश्त नहीं कर सकते। यह लिफाफा कहाँ से आया है?"

"डूंडी से आया है।" मैंने लिफ़ाफ़े के डाक चिन्ह को अच्छी तरह देखा और उन्हें बता दिया।

"यह बड़ा ही भद्दा मजाक है।" उन्होंने गुस्से में कहा- मुझे सूर्य घड़ी और कागजों का क्या करना है? मैं इस तरह की बेहूदा और बेकार बातों पर हरगिज़ ध्यान नहीं दूंगा।"

"मुझे इस बारे में निश्चित तौर पर पुलिस को सब-कुछ बता देना चाहिए।" मैंने कहा।

"और मेरे दुःख पर हंसना चाहिए। ऐसा कुछ नहीं करना है।" उन्होंने गुस्से से भरे लहजे में कहा।

"मुझे करने दो।"

"नहीं, जब मैंने तुम्हे मना कर दिया। मैं इस प्रकार की बेहूदगी का तमाशा नहीं लगाना चाहता हूँ।"

उनसे बहस करना बेकार था, क्योंकि वह बड़े अड़ियल आदमी थे। मैं अपने मन में आवेश लेकर चला गया।

इस ख़त के मिलने के तीन दिन बाद मेरे पिता अपने दोस्त मेजर फ्रीबांडी से मिलने के लिए गए। जो पोर्टसडाऊन की पहाड़ी पर स्थित किलों में से एक के प्रभारी है। मैं बहुत खुश था, क्योंकि मुझे लगा कि जब वह घर से बहार होंगे तो हर खतरे से बचे रहेंगे।

लेकिन ऐसा सोचना मेरी भूल थी। उनकी गैरहाजिरी के दूसरे दिन मुझे मेजर द्वारा भेजा गया तार मिला। उसने मुझे फ़ौरन बुलाया था। मेरे पिता पड़ोस के खुले पड़े खड़िया के गड्ढे में गिर गए थे और अचेत थे। उनका सर फट चुका था। मैं वहाँ फ़ौरन पहुँचा लेकिन तब तक वह मर चुके थे।

ऐसा लगता है जैसे वह गोधूली में फारेहैम से लौट रहे थे, चूंकि गांव से अनजान थे और खड़िया के गड्ढे खुले हुए थे। मारने वाले ने उन्हें इसमें गिराकर दुर्घटना घोषित कर दिया। उनकी मौत से जुड़े प्रत्येक तथ्य का मैंने बारीकी से निरीक्षण किया है, लेकिन ऐसा कोई सबूत हाथ नहीं लगा, जिससे हत्या घोषित किया जा सके।

उनके शरीर पर कहीं कोई चोट का निशान नहीं था। कोई लूटमार नहीं की, उस मार्ग पर किसी अजनबी के आने-जाने के निशान भी नहीं थे। आप खुद समझ सकते हैं कि उस समय मेरी क्या हालत होगी। मैं पूरी तरह से निश्चित था कि उनके चारों तरफ कोई जाल बुना गया है।"

"इस प्रकार मैं उत्तराधिकारी बना। आप जानना चाहेंगे कि मैंने इससे छुटकारा क्यों नहीं पाया। मेरा जवाब यही है कि मुझे अच्छी तरह यकीन था कि हमारे कष्ट चाचा की जिन्दगी की किसी घटना पर निर्भर थे-और खतरा एक घर में भी उतना ही होगा जितना दुसरे घर में।

यह जनवरी, 1885 की बात है कि बेचारे मेरे पिता ख़त्म हो चुके थे-और तब से दो साल आठ महीने बीत चुके हैं। इस दौरान से ख़ुशी-ख़ुशी हाशिम में रह रहा हूँ। अब मैंने उम्मीद करना शुरू कर दिया था कि मेरे परिवार के ऊपर से ये श्राप हट चुका है।

मैं सोच रहा था कि पिछली पीढी के साथ ही उसका खात्मा हो चूका था। मैं इसलिए सुखपूर्वक दिन गुजार रहा था, लेकिन कल सुबह उसी के मुताबिक उसी प्रकार का धक्का लगा, जैसा मेरे पिता के साथ हुआ था और जैसा मेरे चाचा के साथ हुआ था।"

नौजवान ने अपनी जेब से एक मुड़ा हुआ लिफाफा निकला और उसे मेज की तरफ मुड़कर उसमें से संतरे के पांच सूखे हुए बीज निकालकर होम्स को दिखाए।

“यह लिफाफा है।” उसने कहा- “डाकचिन्ह लन्दन का है। पूर्वी प्रभाग। अन्दर वही शब्द लिखे हैं जो मेरे पिता के अंतिम सन्देश में लिखे थे।

‘के...के...के’ और “फिर कागज सूर्य घड़ी के ऊपर रख दो’।”

“तुमने क्या किया?” होम्स ने पूछा।

“कुछ भी तो नहीं।”

“कुछ नहीं किया?”

“सच बताऊँ।” उसने कहा।

“हाँ।”

उसने अपना चेहरा अपने दोनों हाथों में छिपा लिया और फिर हिम्मत करके बोला-

“मैं अपने आपको बिल्कुल असहाय महसूस कर रहा हूँ, मैं अपने आपको उन खरगोशों की तरह समझ रहा हूँ जिनकी तरफ साँप बढ़ रहा होता है। मैं किसी अदम्य शक्ति की पकड़ में आ गया हूँ जिससे, कोई सावधानी रक्षा नहीं कर सकती।”

“च! च!” शरलॉक होम्स चिल्लाया- “तुम्हें कुछ करना चाहिए लड़के, नहीं तो तुम गए। उर्जा के अलावा तुम्हें कोई नहीं बचा सकता। यह समय निराशा का नहीं है।”

"मैं पुलिस के पास भी गया था मिस्टर होम्स! मगर वहाँ जाकर कोई फायदा नहीं हुआ।"

"अच्छा!"

"वह लोग मेरी कहानी सुनकर मुस्कुरा रहे थे। मुझे यकीन है कि इंस्पेक्टर के विचार में सारे ख़त किसी के द्वारा किया गया मजाक है और मेरे परिवार वालों की मौत दुर्घटनावश थी, जैसा कि निर्णायक मंडल ने कहा था और चेतावनियों से उसका कोई ताल्लुक नहीं है।"

होम्स ने अपनी मुट्ठी बंधे हाथ हवा में लहराए- "अविश्वाशी मूर्खता।" वह जोर से चिल्लाया।

"फिर भी उन्होंने मेरे साथ घर में रुकने के लिए एक पुलिस वाला लगा दिया है।"

"वह आज रात तुम्हारे साथ आया है यहाँ पर?" होम्स के चेहरे पर सोच की परछाइयां थीं।

"नहीं। उसे घर में रुकने के आदेश दिए गये थे, इसलिए मैं अकेला ही यहाँ आया हूं।" उसने बताया।

होम्स ने गौर से ऊपर में देखा।

"तुम मेरे पास क्यों आये हो?" उसने कहा- "और सबसे बड़ी बात यह है कि तुम तुरंत मेरे पास क्यों नहीं आये?"

"मुझे आपके बारे में पता नहीं था।" उसने बताया- "इसलिए मैं आप तक नहीं पहुँच सका।"

"अब किसने बताया?"

"आज ही मैंने मेजर पैंडरगास्ट से अपने दुःख के बारे में बात की तो उन्होंने मुझे आपके पास भेज दिया।"

"तुम्हें ख़त मिले दो दिन हो चुके हैं। हमने इस पर पहले काम किया होता। मेरे विचार में आगे तुम्हारे पास इसके अलावा कोई प्रमाण नहीं है, जो तुमने हमें सुनाया-कोई सहायक ब्यौरा नहीं, जिसकी वजह से हमें मदद मिल सके?"

"एक बात है" जॉन ओपेन शॉ बोला। उसने अपने कोट की जेब से एक नीले रंग का धुंधला-सा कागज बाहर खींचा और उसे मेज पर बिछा दिया- "मुझे याद है।" उसने कहा- "उस दिन जब मेरे चाचा ने कागज जलाए थे, मैंने देखा कि बिना जले छोटे किनारे, जो राख में पड़े थे, इस रंग के थे। यह एकमात्र कागज मुझे उनके कमरे के फर्श पर मिला था।

मैं सोचता हूँ कि यह संभवतः उनमे से एक कागज हो सकता है, जो उनमे से उड़ गया होगा और इस तरह नष्ट होने से बच गया। मैं देख रहा हूँ कि बीजों के अलावा और कुछ सहायक नहीं है। मेरे ख्याल से यह किसी निजी डायरी का पृष्ठ है और निस्संदेह इस पर मेरे चाचा का लेख है।"

होम्स ने लैम्प सरकाया और हम दोनों कागज पर झुक गए। इसकी उधड़ी किनारी बता रही थी की इसे किसी किताब से फाड़ा गया है, ऊपर इसके मार्च, 1869 लिखा था और नीचे यह उलझनपूर्ण विवरण-

"4 को, हडसन आया। वही पुराना मंच।"

"7 को, मैक्कॉले, पैरोमोर और सेंट ऑगस्टिन जॉन स्वेन को बीज भेजे गए हैं।"

"9 को, मैक्कॉले हट गया।"

"10 को, जॉन स्वेन हट गया।"

"12 को, पैरोमोर से मिले, सब बढ़िया।"

"धन्यवाद।" कागज को मोड़कर हमारे अतिथि को लौटते हुए होम्स ने कहा- "अब तुम्हे किसी भी वजह से एक भी पल नहीं गवाना चाहिए। जो कुछ भी अभी तुमने हमें सुनाया, हमारे पास इसके बारे में बात करने का भी वक्त नहीं। तुम फ़ौरन घर पहुंचो और काम करो।"

"मुझे क्या करना होगा?"

"एक काम है जो तुम्हे फ़ौरन करना पड़ेगा।"

"बताइये।"

"तुम इस कागज को उसी पीतल के बक्से में रख दो, जिसके बारे में तुमने हमें बताया। इसमें यह भी लिखकर रखना की अन्य कागज तुम्हारे चाचा द्वारा जला दिए गए थे। यह अंतिम कागज है। तुम सहमत होगे की इससे उन्हें यकीन हो जाएगा।"

"इतना काम करने के बाद फ़ौरन सूर्य घड़ी पर निर्देश के मुताबिक रख देना। समझ गए?"

"जी हाँ। समझ गया।"

"अभी बदला लेने या इस तरह की बातें मत सोचो। मेरे ख्याल से वह हम क़ानून के द्वारा भी ले सकते हैं। मगर अभी हमें अपना जाल बुनना है जबकि उनका पहले ही बुना हुआ है। पहला काम तुम्हारे ऊपर से खतरा हटाना है। दूसरा काम है इस राज

को सबके सामने प्रकट करना, और गुनहगारों को उनके किए के सजा दिलवाना।"

"मैं आपका शुक्रिया अदा करता हूं।" उस नौजवान ने अपना ओवरकोट पहनते हुए कहा- "आपने मुझे एक नै जिन्दगी और उम्मीद दे है, मैं वैसा ही करूंगा जैसा आपने कहा है।"

"एक पल भी मत गवाना, और सबसे ज़रूरी बात तो यह है कि अपना पूरी तरह ख्याल रखना, क्योंकि मैं नहीं सोचता कि इस बात में कोई संदेह है कि तुम एक वास्तविक खतरे में हो। तुम यहाँ से हिफाजत के साथ घर कैसे जाओगे?"

"वाटरलू से ट्रेन के जरिए"

"अभी नौ नहीं बजे हैं। सड़कों पर भीड़-भाड़ होगी, मैं सोचता हूँ कि तुम सुरक्षित रहोगे, लेकिन मेरी समझ से तुम अपनी हिफ़ाजत नहीं कर सकते" ।"

"मेरे पास हथियार हैं।" उस नौजवान ने कहा- "आप मेरी चिंता न कीजिए।"

"अच्छी बात है, अब तुम घर के लिए निकलो, कल मैं तुम्हारे मामले पर ही काम करूंगा।"

"तो फिर कल हाशमि में मुलाकात होगी।"

"नहीं मैं हाशमि नहीं आऊंगा।" होम्स ने कहा- "तुम्हारा रहस्य लन्दन में है, मैं यहीं खोजूंगा।"

"फिर मैं आपको कागज और बक्से के साथ एक-दो दिन में मिल रहा हूं। मैं हर ख़ास बात में आपकी सलाह लूंगा।" उसने कहते हुए हाथ मिलाया और विदा हो गया।

बाहर हवा अभी भी तेजी से चल रही थी। बारिश की आवाज खिड़कियों पर पड़-पड़ हो रही थी।

अपना सर झुकाए शरलॉक होम्स कुछ देर के लिए खामोश बैठा रहा। उसकी आँखें आग की चमक पर झुकी थीं। फिर उसने अपना पाइप सुलगाया और अपनी कुर्सी पर पीछे झुक गया। वह नीले धुंए के छत तक उठते हुए छल्लो को घूर रहा था।

"वाटसन, मैं सोच रहा हूं।" उसने ख़ामोशी को तोड़ा- "हमारे अब तक के मामलो में यह ज्यादा कल्पनाशील है।"

"संभवतः चार के चिन्ह को छोड़ दें तो।"

"अच्छा, हाँ। संभवतः उसे छोड़कर। और मुझे यह जॉन ओपेनशॉ, शोल्टोस से भी ज्यादा बड़े खतरे से घिरा प्रतीत होता है।"

"लेकिन क्या तुमने।" मैंने पूछा- "कोई धारणा बनाई है कि यह किस प्रकार का खतरा है?"

"उनके व्यवहार या स्वभाव के बारे में तो कोई सवाल नहीं है।" उसने जवाब दिया।

"तब वह क्या है? यह के...के...के... कौन है, और वह क्यों इस दुखी परिवार के पीछे पड़ा हुआ है?"

शरलॉक होम्स ने अपनी आंखें बंद कर लीं और अपनी कुर्सी के हत्थों पर अपनी कोहनियां टिका लीं। उसकी उंगलिओं के पोर एक-दुसरे से स्पर्श कर रहे थे। "एक आदर्श तार्किक व्यक्ति।" उसने टिप्पणी की- "जब वह कोई तथ्य देख लेता है वह न केवल घटनाक्रम की श्रंखला वरन आने वाले परिणामों तक

को जान लेता है। जैसे क्यूवियर मात्र एक हड्डी से पूरे जानवर का वर्णन कर सकता है इसलिए एक घटनाक्रम की श्रंखला की एक कड़ी पूर्ण रूप से समझ लेता है। वह पहले की व आगे की अन्य घटनाओं को सटीक ढंग से कहने में समर्थ होगा।

हम अभी तक अंजाम पर नहीं पहुँचे हैं, जिसे सिर्फ तर्क द्वारा प्राप्त किया जा सकता है। समस्याओं को सिर्फ उन लोगों के अध्ययन द्वारा सुलझाया जा सकता है, जिन्होंने इसका निराकरण अपनी अक्ल की सहायता से किया है। इस कला को इसकी उच्चतम श्रेणी में प्रयोग करने के लिए यह जरूरी है कि तर्ककर्ता को अपने संज्ञान में आने वाले हर तर्क को प्रयोग करने में समर्थ होना चाहिए।

तुम देखोगे कि ऐसा सम्पूर्ण ज्ञान होने पर होता है जबकि आज के समय में मुफ्त शिक्षा और विश्वकोष होने के बाद भी ऐसा दुर्लभ है। यह इतना मुमकिन नहीं है कि एक आदमी को सम्पूर्ण ज्ञान हो। जो इसके काम में भी सहायक होता है।

यही मुझे अपने मामले में भी करना है। यदि मुझे सही से याद है तो हमारी दोस्ती के शुरूआती दिनों में, एक अवसर पर तुमने बहुत संक्षिप्त ढंग से मेरी सीमाओं को परिभाषित किया था।"

"हां-।" मैंने हँसते हुए कहा- "यह सिर्फ एक दस्तावेज है। फलसफा, विज्ञान और राजनीति में तुम्हें शून्य मिला था, मुझे अच्छी तरह याद है। वनस्पति विज्ञान ठीक था, भूगोल बहुत अच्छा जहाँ तक कस्बे से पंद्रह मील तक के क्षेत्र के कीचड़ के धब्बों का सम्बन्ध है, रसायन विज्ञान पर केन्द्रित, शारीरिक अव्यवस्थित, संवेदनशील साहित्य व अपराध अद्वितीय तथा

वायलिन वादक, मुक्केबाज, तलवारबाज; वकील तथा जहर खाने वालों का तुम कोकेन तथा तम्बाकू के साथ अनुमान लगा लेते थे। ये मेरे विश्लेषण बिंदु हैं।"

होम्स अंतिम विश्लेषण पर खिलखिलाया- "अच्छा!" उसने कहा-"अब मैं कहता हूं, जैसा मैंने तब कहा था कि आदमी को अपनी दिमाग की अटारी में वह सारा फर्नीचर रखना चाहिए, जो उसके काम आ सकता है और बाकी वह अपनी लाइब्रेरी के कमरे में रख सकता है, और जब चाहे तब इसे निकाल सकता है। ऐसे मामले में जैसा आज रात हमें सौंपा गया है हमें निश्चित रूप से अपने सारे संशाधन खंगालने पड़ेंगे।"

"मेहरबानी करके अपने निकट की आलमारी में से 'के' अक्षर वाला अमेरिकी विश्वकोष मुझे दे दो। शुक्रिया।"

"अब हमें हालातों पर विचार करके देखना चाहिए कि हम इसमें से क्या निकाल सकते हैं। पहले स्थान पर हम इस ठोस धारणा के साथ शुरुआत कर सकते हैं कि कर्नल ओपेनशॉ के अमेरिका छोड़ने के पीछे कोई ठोस आधार था। आदमी जीवन के इस समय में अपनी आदतों को नहीं छोड़ता। इस तरह फ्लोरिडा की आकर्षक जलवायु को अंग्रेजी प्रांतीय कस्बे के एकांकी जीवन में परिवर्तित करना। इंग्लैण्ड में उसके अकेलेपन की चाहत बताती है कि उसे किसी वस्तु अथवा आदमी से डर था।

इसलिए हम एक कार्यकारी सिद्धांत के रूप में परिकल्पना कर सकते हैं। कि इस किसी वास्तु के डर ने उससे अमेरिका छुड़वा दिया। यह क्या था, जिसका उसे डर था, के बारे में हम उन भयानक पत्तों से अंदाजा लगा सकते हैं, जो खुद उसे और उसके आने वाले लोगों को मिले थे। क्या तुम उन खतों के पद चिन्हों के बारे में बताओगे?"

“पहला पांडिचेरी से था, जो मेरे चाचा के पास आया था।” उसने बताया- “दूसरा डूंडी से और तीसरा लन्दन से।”

“पूर्वी लन्दन से। इससे तुम क्या अंदाजा लगा सकते हो?” होम्स ने अधीरता से पूछा।

“यह सभी बंदरगाह हैं। यह कि लेखक जहाज के ऊपर सवार था।” उसने बताया।

“बहुत अच्छा। अब हमारे पास एक भेद है। निःसंदेह संभावना- ठोस संभावना यह है कि लेखक एक जहाज पर सवार था। अब हमें दुसरे बिंदु पर विचार करना चाहिए। पांडिचेरी के केस में धमकी मिलने और उसके पूरा होने में सात सप्ताह का फर्क है। डूंडी के मामले में यह मात्र तीन या चार दिन था। क्या इससे कुछ पता लगता है?”

“एक लम्बा सफ़र करना था।”

“लेकिन इस ख़त को भी लम्बा सफ़र तय करना था।”

“उस वक्त मैं बिन्दु पकड़ नहीं पा रहा था।”

“कम से कम यह अवधारणा तो है कि जिस जहाज में एक या ज्यादा आदमी थे, एक सफ़र पर निकला जहाज था। ऐसा प्रतीत होता है कि अपने ध्येय की शुरुआत करने से पहले हमेशा चेतावनी देते हैं।”

तुमने देखा डूंडी से पत्र आते ही कितनी जल्दी काम हुआ। अगर वे स्टीमर में पांडिचेरी से आए होते। वह तभी पहुंचते जब उनका ख़त पहुंचा था। लेकिन जैसा तथ्य है कि सात सप्ताह का अंतर था। मैं सोचता हूँ कि यह सात सप्ताह का अंतर डाक लाने वाली नाव और उस यान के बीच था जिस यान में सवार होकर लेखक आया था।

"यह मुमकिन है।"

"अब तुम इस केस में घातक शीघ्रता देख रहे हो। तभी मैंने युवा ओपनशॉ से सावधान रहने का आग्रह किया था। प्रहार हमेशा उस अंत समय में हुआ है जितना प्रेषक की दूरी तय करने में लगता है। लेकिन यह लिफाफा लन्दन से आया है इसलिए हमें देर नहीं करनी चाहिए।"

"हे भगवान्!" मैं चीखा।

"ओपनशॉ के पास जो कागज़ थे, वे स्पष्टतः जहाज के व्यक्ति व अन्य लोगों के लिए जरूरी हैं। मेरा ख्याल है वो लोग एक से ज्यादा होने चाहिए। एक अकेला आदमी निर्णायक मंडल को धोखा देने वाले ढंग से दो मौत नहीं ला सकता था। इसमें कई आदमी रहे होंगे और वह संशाधन व निश्चय से भरपूर होंगे। उनके कागज जिस किसी के भी पास हैं, वे उसे पकड़ेंगे। इस ढंग से तुम उसे देखो कि के...के...के किसी आदमी के नाम के पहले अक्षर नहीं बल्कि एक समिति का बिल्ला है।"

"लेकिन कौन सी समिति का?"

"क्या तुमने कभी कू क्लक्स क्लैन के बारे में नहीं सुना?" होम्स ने धीमे स्वर में पूछा।

होम्स ने अपने घुटनों पर रखी किताब के पन्ने उलटे- "यह यहाँ है," वह कहने लगा- "कू क्लक्स क्लैन। यह खतरनाक समिति युद्ध के बाद दक्षिण राज्य के पूर्व योद्धाओं द्वारा बनाई गई थी और देश के विभिन्न भागों में शीघ्र ही इसकी स्थानीय शाखाएं बन गईं।

खासकर टेनेसी, लुईसियाना, कैरोलिना, जार्जिया और फ्लोरिडा में। इसकी ताकत राजनितिक उद्देश्यों खासकर काले मतदाताओं को भयाक्रांत करने और इसके विरोधी विचार वालों की हत्या करने अथवा उन्हें देश से बाहर निकलने में प्रयोग की जाती थी। हिंसा से पहले चिन्हित व्यक्ति को एक कल्पनिक लेकिन जानी-पहचानी आकृति द्वारा चेतावनी दी जाती थी- कुछ हिस्सों में ओक के पत्तियों की टहनी तो अन्य में खरबूजे या संतरे के बीज। यह मिलने पर शिकार अपने पहले ढंग खुले रूप में त्याग सकता था या देश छोड़कर भाग जाता था।

अगर उसने वीरता दिखाई तो उसकी मृत्यु निश्चित थी, और वह भी आम तौर पर साधारण ढंग से। समिति का संगठन इतना सम्पूर्ण था और तरीके इतने व्यवस्थित थे कि शायद ही ऐसा कोई मामला दर्ज हो, जिसमें किसी आदमी ने वीरता दिखाई हो और दंड से बच गया हो या उसकी हिंसा का ताल्लुक उनसे जोड़ा जा सके।

अमेरिकी सरकार व दक्षिणी समाज के उच्च वर्ग के प्रयासों के बाद भी कुछ सालों तक संगठन फलता-फूलता रहा। सन 1869 में आन्दोलन अचानक ख़त्म हो गया। तभी से ही इस तरह के कार्य यत्र-तत्र होते रहे हैं।" शरलॉक होम्स ने बताया।

"तुम देखोगे।" होम्स ने संस्करण रखते हुए कहा- "समिति के अचानक टूटने और ओपनशॉ के अमेरिका से उनके कागजों सहित गुम होने में संयोग था। इसके कारण व प्रभाव रहे होंगे। इसमें कोई हैरानी की बात नहीं कि उसे व उसके परिवार को रास्ते में कुछ शांत आत्माएं मिली होंगी। तुम समझ सकते हो कि इस पुस्तिका और डायरी में दक्षिण के किसी प्रथम व्यक्ति का नाम हो सकता है।

इसके बावजूद ऐसे बहुत से लोग हैं, जिन्हें जब तक यह न मिल जाए वह रात को चैन से नहीं सो पाते होंगे।

फिर जो पन्ने हमने देखे-

वही हैं वो जैसी हम उम्मीद कर सकते हैं। अगर मुझे ठीक से याद है तो इसमें लिखा था, अ...ब...स को बीज भेजे- इसका मतलब उन्हें समिति की चेतावनी दी गई।

फिर क्रमशः लिखा है कि अ और ब हट गए या देश छोड़ दिया और किस से मिलने गए थे। मुझे डर है कि स के साथ परिणाम बुरा हुआ। मैं सोच रहा हूँ डॉक्टर कि हम इस अंधेरे स्थान पर थोड़ा प्रकाश डाल सकते हैं। मेरा यकीन है कि युवा ओपेनशॉ के पास इस दौरान उतना ही अवसर है कि वह वैसा ही करे जैसा मैंने बताया है।

आज रात इससे ज्यादा कुछ और कहा या करा नहीं जा सकता, इसलिए मुझे मेरी वायलिन पकड़ाओ और आधे घंटे के लिए हमें खराब मौसम और हमारे आदमियों के ख़राब तरीके के बारे में भूल जाना चाहिए, यही बेहतर होगा।"

सुबह सवेरे का मौसम साफ़ हो चुका था। सूरज एक हलकी-सी आभा लिए बड़े शहरों पर टंगे धुंधले पर्दे के बीच चमक रहा था। जिस वक्त मैं नीचे आया शरलॉक होम्स पहले ही नाश्ता कर रहा था।

"तुम मुझे माफ़ी दोगे कि मैंने तुम्हारी प्रतीक्षा नहीं की।" वह बोला, "मैं देखता हूँ कि आज मेरे सामने अधिक व्यस्त दिन है और मुझे युवा ओपेनशॉ का केस देखना है।"

"तुम क्या कदम उठाओगे?" मैंने पूछा।

"यह बात ज्यादातर मेरी पहली पूछताछ पर निर्भर करेगी। मुझे आखिरकार हाशमि जाना पड़ सकता है।"

"तुम पहले वहाँ नहीं जाओगे?"

"नहीं, मैं शहर से शुरुआत करूंगा। घंटी बजाओ और सेविका तुम्हारी कॉफी ला देगी।"

इन्तजार करते हुए मैंने मेज पर से अनखुला अखबार उठाया और इस पर अपनी दृष्टि डाली। यह एक शीर्षक पर ठहर गई, जिसने मेरे दिल को एक ही जगह जमा दिया।

"होम्स," मैं चिल्लाया, "तुम्हें बहुत देर हो गयी।"

"उफ़!" अपना कप रखते हुए वह बोला- "मुझे इसी बात का डर था, यह कैसे हुआ?" वह शांतिपूर्वक पूछ रहा था, लेकिन मैं देख रहा था कि वह गहन रूप से उद्वेलित था।

मेरी दृष्टि ओपेनशॉ के नाम तथा 'वाटरलू पुल के पास हादसा' शीर्षक पर पड़ी। और यह विवरण- गत रात्रि नो और दस के बीच एच. प्रभाग का पुलिस सिपाही कुक जो वाटरलू पुल के समीप गस्त पर था, ने सहायता के लिए चीख और पानी में छपाका सुना।

रात का अन्धकार बढ़ता ही जा रहा था, और तूफ़ान भी बहुत तेज था। इसलिए बहुत से राहगीरों की सहायता के बावजूद बचाव का प्रयास मुमकिन नहीं था। फिर भी चेतावनी दे दी गई थी और जलीय पुलिस की सहायता से आखिरकार शव मिल गया था। यह एक जवान व्यक्ति का शव था, जिसका नाम उसके

जेब से मिले लिफ़ाफ़े के मुताबिक जॉन ओपेनशॉ था तथा उसका निवास हाशमि के समीप है।

ऐसा अंदाजा लगाया जा रहा है कि वह वाटरलू स्टेशन से आखिरी ट्रेन पकड़ने की जल्दी में था और अपनी नाव रुकने के छोटे-से किनारे पर जा पहुंचा। शव पर कोई मारपीट के जख्म नहीं हैं और कोई शक नहीं कि मृतक एक दुर्घटना का शिकार हुआ है।"

कुछ पलों तक हम लोग खामोश बैठे रहे। होम्स बहुत अवसादग्रस्त और हिला हुआ था। मैंने उसे पहले ऐसे नहीं देखा था।

"इससे तो मेरा अभिमान आहत हुआ है वाटसन!" उसने ख़ामोशी को तोडा- "यह निस्संदेह बुरी बात है मगर इससे मेरी खुद्दारी को ठेस पहुँची है। अब यह मेरा व्यक्तिगत मामला बन गया है और अगर भगवान् मुझे ताकत दे, मैं इस गिरोह पर हाथ डालूंगा।"

"वह मेरे पास मदद के लिए आया और मैंने उसे मृत्यु की तरफ भेज दिया।" वह अपनी कुर्सी से उछला और बेचैनी से कमरे में टहलने लगा। उसके गालों पर लालिमा थी और वह घबराहट में अपने लम्बे पतले हाथों को कभी एक दुसरे से पकड़ता कभी छोड़ता।

"वह चालक शैतान है।" आखिरकार वह चिल्लाया। "उन्होंने वहाँ कैसे उसे फांस लिया? किनारा स्टेशन के सीधे रस्ते में नहीं है। पुल पर भी निस्संदेह ऐसी रात में भी भारी भीड़ थी जो उनके उद्देश्य में बाधा थी। अच्छा, वाटसन, देखते हैं अंत में कौन जीतता है। अब जरा मैं बाहर जा रहा हूँ।"

"पुलिस के पास?"

"नहीं, मैं खुद अपनी पुलिस बन जाता हूं। जब मैं जाल बुन चुकूँगा, वह मक्खियां पकड़ सकते हैं पर पहले नहीं।"

सारा दिन मैं कारोबारी काम में लगा रहा, और देर शाम मैं बेकर स्ट्रीट लौटा। शरलॉक होम्स अभी वापस नहीं आया था। लगभग दस बजने को थे, जब उसने प्रवेश किया। उसका चेहरा जर्द और शरीर थका हुआ था। वह मेज तक पहुंचा और पाव का टुकड़ा तौड़ा। वह उस टुकड़े को जल्दी-जल्दी खा गया और ढेर सा पानी पी गया।

"तुम भूखे हो?" मैंने टिप्पणी की।

"मरा जा रहा हूँ। मुझे याद ही नहीं रहा था कि मैंने नाश्ते के बाद कुछ नहीं खाया"

"कुछ भी नहीं।"

"एक टुकड़ा भी नहीं।" उसने बताया- "मेरे पास इसके बारे में सोचना का वक्त नहीं था।"

"तुम सुनाओ तुम्हारी सफलता कैसी रही, मेरा मतलब है तुम अपने काम में कामयाब हुए।"

"बहुत बढ़िया।"

"तुम्हारे हाथ कोई सबूत मिला, जो इस केस को अच्छी प्रकार समझने में मदद करे।"

"वह मेरे हाथ में हैं। नौजवान ओपेनशॉ बिना बदले के लम्बे समय तक नहीं रहेगा। क्यों वाटसन, हमें उनका शैतानी निशान उन्ही पर लगा देना चाहिए। यह अच्छी तरह सोच लिया गया है।"

"क्या मतलब है तुम्हारा?"

उसने आलमारी से एक संतरा निकाला और उसकी फांक करी, फिर उन्हें निचोड़कर मेज पर उसके बीज निकाल लिए। उनमें से उसने पांच बीज उठाए, और उन्हें एक लिफाफे में डाला।

इसके अन्दर के हिस्से पर उसने लिखा, 'जे.के. के लिए एस.एच.।' फिर उसने उसे बंद किया और उस पर पता लिखा "कप्तान जेम्स कैलहून, लोन स्टार, सवाना, जार्जिया।"

"जिस वक्त वह बंदरगाह पर प्रवेश करेगा, यह उसकी प्रतीक्षा कर रहा होगा।" उसने हँसकर कहा- "यह उसकी नींद हराम कर देगा। यह उसे अपने आगामी दुर्भाग्य के विषय में बताएगा। जिस तरह उसकी प्रतीक्षा कर रहा होगा।"

"कप्तान कैलहून के विषय में क्या जानते हो, आखिर यह आदमी कौन हो सकता है?"

"गिरोह का सरगना यही है।" उसने बताया- "मैं बाकी लोगों को भी थामुंगा मगर पहले उसे।"

"तुम्हें इसका पता कैसे चला?"

उसने अपनी जेब से एक लम्बा आगाज निकला। यहाँ नाम और तारीखों से पूरा भरा हुआ था।

"मैंने पूरा दिन" वह बोला- "लायड के रजिस्टर और पुरानीी फाइलें देखने में खर्च किया है, और साथ भी यह भी कि 83 में कौन सा जहाज जनवरी और फ़रवरी में पांडिचेरी से गुजरा था? उन महीनों में छत्तीस जहाज निकले थे। इनमें से एक लोन स्टार ने मेरा ध्यान तुरंत अपनी और आकर्षित किया, क्योंकि यह

लन्दन से छूटना बाते गया था, लेकिन इसके नाम में संघीय प्रान्तों में से एक प्रान्त का नाम था।"

"शायद टेक्सास।"

"मैं निश्चित नहीं था और न हूँ कि कौन-सा, किन्तु मैं जानता था कि जहाज अमरीका से चला होगा।"

"फिर?"

"मैंने डूंडी अभिलेख खोजे और जब पाया कि जनवरी सन 1885 मैं लोन स्टार वहाँ था, मेरा शक निश्चित हो गया। उसके बाद मैंने लन्दन बन्दरगाह में इस समय उपस्थित जहाज के बारे में पूछा।"

"हाँ पूछा- ।"

"लोन स्टार यहाँ पिछले सप्ताह पहुँचा था। मैं अलबर्ट बंदरगाह पहुँचा और पाया कि वह आज सुबह छूट चूका था। वह सवाना जा रहा था। मैंने गैवसैंड को तार भेजकर पता किया, थोड़ा समय पहले ही गुजरा था, और हवा चूँकि पूर्वी है इसलिए निस्संदेह यह गुडविन्स पार करगया होगा, और वेट द्वीप से ज्यादा दूर नहीं होगा।"

"फिर तुम क्या करोगे?"

"वह मेरे हाथों में हैं। जैसा मुझे पता चला है कि वह और उसके दो साथी जहाज पर ऐसे हैं जो अमरीकी मूल के हैं। दूसरे व्यक्ति जर्मनी और फिनलैंड के हैं।

मैं इस बात को भी जनता हूँ कि पिछली रात वह तीनों जहाज से बाहर थे। यह बात मुझे जहाज पर माल लादने वालों

से पता चली। जब तक उनका जहाज सवाना पहुँचे गा, डाक वाली नाव यह पत्र पहुँचा चुकी होगी, और तार ने सवाना पुलिस को सूचित कर दिया होगा कि यह आदमी हत्या के मामले में वांछित है।

इंसानों द्वारा बनाई गई योजना में हमेशा कोई न कोई दोष निकल आता है। जॉन ओपेनशॉ के हत्यारों को संतरे के बीज कभी नहीं मिलने थे, जो उन्हें बताते कि उन्हीं की तरह एक दृढ़प्रतिज्ञ व्यक्ति उनके रास्ते में है।"

उस साल हवा बहुत तूफानी थी। हमने लम्बे समय तक सवाना के लोन स्टार की समाचार की प्रतीक्षा की, लेकिन यह हम तक कभी नहीं पहुंचा। अंत में हमने सुना कि अटलांटिक में दूर कहीं एक टूटी हुई नाव लहरों के बीच डूबती-उतराती देखी गई, जिस पर 'एल.एस.' अक्षर अंकित हुए थे और यही कुछ लोन स्टार की नियति थी, जिसके बारे में हम कभी जान पाएंगे।